Dietrich Schäfer

Geschichte und Kulturgeschichte, eine Erwiderung

Dietrich Schäfer

Geschichte und Kulturgeschichte, eine Erwiderung

ISBN/EAN: 9783743683143

Hergestellt in Europa, USA, Kanada, Australien, Japan

Cover: Foto ©ninafisch / pixelio.de

Weitere Bücher finden Sie auf **www.hansebooks.com**

Geschichte und Kulturgeschichte.

Eine Erwiderung.

Von

Dietrich Schäfer.

Jena,
Verlag von Gustav Fischer.
1891.

Den Freunden

Benno Erdmann, Eduard Meyer

in Erinnerung an Breslauer Stunden

zugeeignet.

> Vorzüglich, wenn ich nicht irre, tritt in den
> Staaten die Continuität des Lebens hervor, welche
> wir dem menschlichen Geschlecht zuschreiben. — — Es
> ist die Aufgabe der Historie, das Wesen des Staates
> aus der Reihe der früheren Begebenheiten darzuthun
> und dasselbe zum Verständnis zu bringen.
> Ranke, Werke 24, 285 und 288.

In meiner Tübinger Antrittsrede „Das eigentliche Arbeitsgebiet der Geschichte" hatte ich es noch einmal unternommen, nachdrücklich darauf hinzuweisen, daß das vornehmste, das ausschlaggebende Ziel historischer Arbeit das Verständnis staatlicher Entwickelung, die Erforschung und Darlegung des Werdens und der Bedingungen staatlichen Lebens sei. Es schien mir eine über allen Zweifel erhabene Thatsache, daß die Begründung und Entwickelung staatlicher Ordnung weitaus die größte That des menschlichen Geistes sei, und daß die Aufgabe der Geschichte, Werden und Wachsen menschlicher Bildung und Gesittung, der Kultur, aus einheitlicher Auffassung zu verstehen, nur lösbar sei von diesem Gesichtspunkte aus. Ich glaubte mich völlig gedeckt zu haben gegen den Vorwurf einer einseitigen Begünstigung der rein politischen Geschichte. Hatte ich doch energisch betont, wie „unschätzbare Stützen" aus der umfassenden, auf fast alle menschlichen Lebensäußerungen sich erstreckenden historischen Thätigkeit unseres Jahrhunderts der Geschichte erwachsen, wie ihr durch diese Thätigkeit Hilfsmittel zufließen, die „eine tiefere Auffassung, eine umfassendere Lösung der eigenen Aufgaben" gestatten. Aber ich hatte andererseits auch geglaubt hinweisen zu sollen auf die Gefahr, die in dieser fast unübersehbaren Verzweigung der Arbeit liege, und mit Entschiedenheit hervorheben zu sollen, daß historische Betrachtung in der Mannigfaltigkeit der Interessen ihr Auge fest zu richten habe auf Staat und Volk, daß hier allein die Möglichkeit gegeben sei, einen einheitlichen Standpunkt zu bewahren. Mir schien, daß der „landläufige" Gebrauch des Wortes Kulturgeschichte störend und verwirrend wirke; ich bestritt, daß man unter dieser Parole neue Forderungen von Belang an die Geschichte stellen könne, ja, ich wagte die Behauptung, daß die Bezeichnung Kulturgeschichte die Berechtigung verlieren werde, wenn die Geschichte ihre Aufgaben richtig fasse, daß beide zusammenfließen werden, oder daß jene dauernd den populären Mißbrauch sich gefallen lassen müsse, der jetzt mit ihrem Namen getrieben werde.

Das hat, wie zu erwarten war, Widerspruch gefunden. Daß man das eigentliche Arbeitsgebiet der Geschichte in der Betrachtung staatlicher Entwickelung zu suchen habe, ist so oft ausgesprochen resp. dargelegt worden, ist in den Kreisen der Fachgenossen, Gott sei Dank und nächst ihm Ranke, noch so sehr die herrschende Meinung, daß eine erneute Betonung dieser Wahrheit kaum besondere Teilnahme finden konnte. Das Korrespondenzblatt der Westdeutschen Zeitschrift räumt der Rede bezeichnender Weise „den Vorzug eines freilich von keinem Verständigen bezweifelten Zieles" ein. Daß der Kulturgeschichte gleichsam der Boden entzogen, die Berechtigung abgesprochen wurde, blieb daher wohl der überwiegende Eindruck. Eberhard Gothein fühlte sich veranlaßt, dem entgegenzutreten. Er führte in gewandter, gefälliger Darstellung mit großer Wärme durch, daß neben der politischen Geschichte eine Kulturgeschichte nicht nur berechtigt, sondern notwendig sei, daß diese alles umfasse, was nicht unbedingt zu jener gehöre, daß sie eine weitaus höhere wissenschaftliche Stellung einnehme als jene, daß sie sich schon durch die Methode von ihr unterscheide. Er bestritt, daß der Staat das Bestimmende, Maßgebende in der Entwickelung menschlicher Kultur sei; er faßte diese als eine Entwickelung der menschlichen Ideen und sah in der Kulturgeschichte die Geschichte dieser Ideen. Er fand bei dieser Darlegung Gelegenheit, auch in zahlreichen Einzelfragen meiner Auffassung zu widersprechen.

Gothein's Polemik ist, abgesehen von einer Bemerkung, eine durchaus sachliche. Ich könnte es also füglich den Lesern beider Schriften überlassen, sich ihre Meinung zu bilden. Wenn ich mich doch entschließe, zu erwidern und Gesagtes teilweise zu wiederholen, so veranlaßt mich dazu zunächst die Thatsache, daß Gothein mich in vielen Fällen mißversteht und ein stark verzeichnetes Bild meiner Anschauungen über Geschichtswissenschaft entwirft. Es kann mir nicht gleichgültig sein, daß ich den ausschließlichen Lesern von Gothein's Abhandlung in arg verzerrter Gestalt erscheine, und zwar um so weniger, als Gothein's ruhige Polemik in anderen Händen zu kräftigen Ausfällen geworden ist. Gustav Schmoller nennt sie (Jahrb. für Gesetzgebung ꝛc. 13, 1484) „einen Protest gegen die zu einseitige arbeitsteilige (!) Fachwissenschaft, gegen jene Neigung enger bornierter Geister, die ihre Blößen mit Scheuklappen zudecken, um einen Rechtstitel für ihre Unwissenheit auf den Nachbargebieten zu haben". Den Lesern der Münchener Neuesten Nachrichten (1889 Nr. 512) trägt Ludwig Geiger gelegentlich einer Besprechung von Gothein's und meiner Schrift vor: „Während die großen Naturforscher die Ergebnisse ihrer Untersuchungen in populärer Form den Gebildeten mitzuteilen lieben, halten sich die strengen geschichtlichen Forscher vornehm zurück und betrachten es manchmal als einen Eingriff in die Würde der Wissenschaft, von diesen Untersuchungen zu größeren Kreisen zu reden. Mit dieser Gesinnung hängt vielleicht die andere zusammen, daß sie ihr Arbeitsfeld gerade da suchen, wohin der Nicht-Unterrichtete ihnen schwer zu folgen vermag, und von ihrer Beschäftigung solche Fächer ausschließen, für welche der Laie in erster Linie Interesse hat und haben muß. Eine derartige Stellung gegen das Publikum nimmt Dietrich Schäfer in einer vor etwa einem Jahre gehaltenen akademischen Rede ein" ꝛc. ꝛc. Geiger spricht von „hochtönenden Phrasen von Patriotismus" und behauptet, daß man „durch diesen Popanz eine wissenschaftliche Betrachtung zu verscheuchen suche". Er preist Gothein's Ansichten von Kulturgeschichte und schließt: „Ich glaube, es thut unserem jüngeren Gelehrten- und Schriftstellergeschlecht not, derartige hohe Darlegungen von Aufgabe und Würde der Geschichte zu vernehmen und zu beherzigen. Denn schlimmer als je herrschen auf diesem Gebiete Einseitigkeit und Überhebung: der Eine hält sich für einen Schulmeister, der sich berufen fühlt, Zeiten und Menschen Zeugnisse über ihr Wohlverhalten auszustellen, oder bildet sich gar ein, als Richter aburteilen zu dürfen über Einzelne und über ganze Perioden; der Andere sucht nur in Einzelheiten seine Befriedigung und meint, es sei mit Herausgabe von Akten oder Untersuchungen über schriftstellerische Erzeugnisse gethan. Letzteres ist ganz verdienstliche Vorarbeit, Ersteres verderbliches Verkennen des Berufes; wirkliche Geschichte ist weder das Eine noch das Andere." — Woher in aller Welt nimmt Ludwig Geiger die Berechtigung zu derartigen Strafpredigten? Ich muß es seiner Verantwortung überlassen, wenn der biedere süddeutsche Leser der geschickt redigierten und weit verbreiteten Münchener Neuesten Nachrichten „a Zorn krigt" gegen die jüngeren deutschen Historiker — zu denen sich übrigens doch auch wohl Geiger selbst zählt, oder nicht? — und insbesondere gegen den kulturfeindlichen neuen Tübinger Professor. Ich sehe noch das verdutzte Gesicht eines meiner Hörer, als er mir diese Expektoration zur Kenntnisnahme überbrachte! Es würde leicht sein, in gleicher, doch gehaltvollerer Münze heimzuzahlen. Aber da Geiger die Begründung seines Urteils fast ausschließlich den Gothein'schen Darlegungen entnimmt, so begnüge ich mich, seine Ausfälle niedriger zu hängen, zugleich als einen bemerkenswerten Beitrag zur Kenntnis der Art, wie selbst Leute von seiner Bildung die Popularisierung der Wissenschaft glauben betreiben zu sollen. — Immerhin finde ich in derartigen Äußerungen einen Antrieb, noch einmal auf den Gegenstand zurückzukommen. Ich erhalte so Gelegenheit, erlittenen Mißdeutungen entgegenzutreten, andererseits aber auch die unverkennbar vorhandenen Gegensätze fester ins Auge zu fassen und dadurch zur Klärung des beiderseitigen Standpunktes und vielleicht auch zur Förderung der Frage beizutragen.

Ein älterer Freund und Fachgenosse schrieb mir gelegentlich des Erscheinens von Gothein's Schrift: „Gothein macht sich künstlich einen Gegner, der nicht vor ihm steht, und den er bekämpft." Eben diesen Eindruck empfing ich beim Lesen derjenigen Teile von Gothein's Schrift, die mich der einseitigsten Bevorzugung der politischen Geschichte bezichtigen. Ich versuchte, soweit ich sehe in dieser Weise zum ersten Mal, in gedrängtester Kürze den Nachweis, daß (S. 23) „durch Jahrtausende der Staat, die politische Gemeinschaft, der vornehmste, der beherrschende Gegenstand geschichtlichen Forschens und Denkens gewesen sei". Nach Gothein's Angabe (S. 4) habe ich den Nachweis geführt, daß „die Geschichtschreibung ihre Lebenskraft immer aus der Berührung mit der Politik empfangen habe". — Ich hatte aus dem versuchten Nachweis die Folgerung gezogen: „Auch fernerhin wird es die Aufgabe des Historikers sein, den Staat zum Verständnis zu bringen, seinen Ursprung, sein Werden, die Bedingungen seines Seins, seine Aufgaben. Hier war, hier ist, hier bleibt der einigende Mittelpunkt für die unendliche Fülle der Einzelfragen, die historischer Lösung harren". Nach Gothein habe ich gefolgert, daß „die Darstellung der politischen Entwickelung die eigentliche Aufgabe der Geschichtschreibung sei, von der sie sich nie ohne Schaden entfernen könne". — Eine kurze Darlegung, wie seit dem 16. Jahrhundert die verschiedensten Seiten menschlicher Kultur Gegenstand gesonderter historischer Betrachtung geworden sind, hatte ich mit den Worten geschlossen: „In unserem Jahrhundert, das nicht mit Unrecht als das historische par excellence bezeichnet worden ist, in dem die historische, die genetische Methode zu Ehren gekommen ist wie nie zuvor, empfindet fast jede Wissenschaft, möge sie der Geschichte an sich noch so fern stehen, das Bedürfnis, sich ihrer Vergangenheit bewußt zu werden, sich das Werden ihrer Erkenntnis zu vergegenwärtigen." Gothein berichtet über diese Ausführungen folgendermaßen: „D. Schäfer sieht in dem Schematismus der Universitäten, wie er aus praktischen Gründen, aus Lehrzwecken, entstanden ist, die notwendige Gliederung der Wissenschaften selber: Jedem Fache gehört auch die Erforschung der Vergangenheit innerhalb seines Kreises zu; um Fragen dieser gesonderten Wissenschaften zu beantworten, nicht um die allgemeine Geschichte zu fördern, werden in ihnen historische Untersuchungen angestellt." — Ich schrieb: „Der eigentliche Historiker, der gelegentlich diese Gebiete anbaut, soll sich bewußt bleiben, daß er auf Seitenwegen wandelt, ist auch überhaupt nicht der Mann, von dem hier größere Leistungen erwartet werden können. Ihm gebührt, Staat und Volk im Auge zu behalten." Gothein berichtet: „Schäfer erklärt sich entschieden dagegen, daß der Historiker diese Gebiete geschichtlicher Erforschung selber anbaue. Wenn er dies gelegentlich thut, wandelt er ihm zufolge auf Seitenwegen ꝛc." — Ich schloß die betreffenden Ausführungen mit den Worten: „Der Historiker soll keine Seite menschlicher Kultur übersehen; er würde seines Amtes schlecht

walten, wenn er dieser vielseitigen und früchtereichen Thätigkeit
[nämlich jener in den verschiedenen historischen Disciplinen] teil-
nahmlos gegenüberstehen wollte; aber er soll sich bewußt bleiben,
daß es für ihn darauf ankommt, den Blick gerichtet zu halten auf
die Beziehungen zu staatlicher Ordnung, die tausendfältige Wechselwirkung zu beobachten und ans Licht zu ziehen, die zwischen dieser
und fast allen anderen Äußerungen menschlichen Geisteslebens besteht." Gothein: „Schäfer findet, daß die politische Geschichte
alle berechtigten Forderungen erfüllt, wenn sie die Wechselwirkung
beobachtet, die zwischen der staatlichen Ordnung und fast allen
Äußerungen menschlichen Geisteslebens besteht."

Es würde ermüden, mit solchen Zusammenstellungen fortzu-
fahren. Die Sachlage scheint mir klar. Gothein's Lesern muß
Dietrich Schäfer als ein Mann erscheinen, der nur die sogenannte
politische Geschichte, die „Haupt- und Staatsaktionen", wie Schmoller nach altem Brauche sagt, als Geschichte gelten läßt, der auf
die zahlreich und mannigfaltig emporgewachsenen Schwestern, auf
Kirchen-, Rechts-, Verfassungs- und Verwaltungs-, auf Wirt-
schafts-, Litteratur- und Kunstgeschichte ꝛc. ꝛc. einigermaßen hoch-
mütig herabsieht, sich ihnen möglichst fern hält. Wer aber Dietrich Schäfer's Rede unbefangen liest, der wird vielleicht sagen, daß
nicht jeder Ausdruck glücklich gewählt ist, aber er muß nach meiner
Meinung zu der Überzeugung kommen, daß Schäfer das nicht hat
sagen wollen und auch nicht gesagt hat, sondern daß seine Grund-
anschauung die ist, die er S. 25 zusammenfaßt in die Worte:
„Geschichtliche Forschung hat, indem sie der Entwickelung menschlicher Gesittung und Bildung zu folgen sucht, in erster Linie ihren
Blick zu richten auf das Verhältnis des Menschen zum Staat."

Damit wäre nun, soweit meine Stellung zu den verschiedenen historischen Disciplinen in Frage kommt, eigentlich der ganzen

Gothein'schen Polemik der Boden entzogen. Thatsächlich unterschreibe ich — abgesehen von Einzelbemerkungen — alles, was Gothein S. 35—49 über den Zusammenhang der zahlreichen historischen Zweiggebiete, der Litteratur-, der antiken und mittelalterlichen Kunst-, der Kirchengeschichte, der Geschichte der Philosophie, der Geographie, der Wirtschafts-, Rechts-, Sprachgeschichte, über all diese Disciplinen und ihre wissenschaftlichen Begründer in beredter Sprache vorträgt. Welcher zurechnungsfähige Historiker könnte das heute denn noch leugnen? Wie könnte jemand, der auch nur in den Anfängen historischen Denkens geschult ist, übersehen oder vergessen, daß geschichtliche Erkenntnis Kenntnis der Entwickelung ist, auf jedem Gebiete! Wie könnte einem solchen verborgen geblieben sein, daß die verschiedenartigen Äußerungen menschlicher Kultur in innigster, in ununterbrochener Wechselwirkung zu einander stehen, daß er keine verstehen wird, wenn er nicht diese Beziehungen, diese Einwirkungen im Auge behält! Gothein sagt S. 39: „Der politische Historiker setzt der Kirchengeschichte als Ziel: Fragen der Theologie zu lösen." Wer ist dieser politische Historiker? Wer ist der Historiker, der heute noch nicht begriffen hat, daß die Kirchengeschichte ihre Aufgaben nur lösen kann, wenn sie sich ihre unlösbaren Beziehungen zu anderen Kulturgebieten, vor allem zum Staate, stets gegenwärtig hält. Übrigens tritt Gothein den Männern der Reformationszeit zu nahe, wenn er behauptet, daß vor Herder und Lessing ein Bewußtsein derartiger Zusammenhänge nicht vorhanden gewesen sei. Die kirchengeschichtliche Auffassung der Reformationszeit beschäftigt sich keineswegs — weder auf protestantischer, noch auf katholischer Seite — ausschließlich mit theologischen Meinungen. Auch kann ich für einige der von Gothein berührten Gebiete nicht zugeben, daß man vor der modernwissenschaftlichen, vom Entwickelungsprinzip ausgehenden Behandlung bei ihnen überhaupt von Wissenschaft nicht reden könne. Das ist übers Ziel hinausgeschossen. Nach Maßgabe dieser Auffassung könnte jemand behaupten, daß es vor unserem Jahrhundert Geschichtswissenschaft überhaupt nicht gegeben habe. Die Überhebung, mit der wir Modernen auf unsere Vorfahren herabblicken, hat doch ihre Grenzen. Aber das sind nebensächliche Dinge. In der Hauptsache sind wir einverstanden: historische Forschung kann umfassendere wissenschaftliche Resultate nicht erzielen, wenn sie den innigen Zusammenhang der verschiedenen Seiten menschlicher Kultur übersieht, wenn sie vergißt, daß alle diese historischen Disciplinen Zweige der allgemeinen, Gothein sagt Kulturgeschichte, ich: Geschichte sind.

Nur noch an einem Beispiele möchte ich zeigen, wie sehr Gothein einen Gegner bekämpft, der in Wirklichkeit nicht existiert. Gothein preist S. 41 ff. als unentbehrliche Helferin der Kulturgeschichte die Geographie. Er ist so freundlich gewesen, von einigen meiner bescheidenen Publikationen nähere Kenntnis zu nehmen. Da wundert es mich einigermaßen, daß er in mir nicht den eingefleischten Geographen gewittert hat. Hätte er seine Kenntnisnahme noch etwas weiter ausgedehnt, so könnte ihm das nicht entgangen sein. Ich bin mehr als 30 Jahre alt geworden, ehe ich die entscheidende Wahl traf zwischen wissenschaftlichem Betriebe der Geschichte und der Geographie. Erst die erlangte akademische Stellung hat den Ausschlag gegeben. Der alten Neigung habe ich aber noch weiter gefröhnt durch geographische Vorlesungen, die ich noch heute mit besonderer Befriedigung halte, vor allem eine solche über „Historische Geographie", in der ich den Zusammenhang geographischer Verhältnisse mit historischer Entwickelung nach Kräften zum Bewußtsein zu bringen suche. Kaum konnte mir etwas mehr aus der Seele geschrieben werden als Gothein's warmes Lob seines Lehrers Neumann, dessen Zeitschrift für Erdkunde mich schon in den Jünglingsjahren mächtig anzog und vor dessen akademischer Thätigkeit mich die Erzählungen meines Breslauer Freundes Partsch mit Ehrfurcht erfüllten. Ich bekenne mich auch freudig zu den

Geographen alter Ritter'scher Auffassung. Es wird ja Gothein so gut bekannt sein wie mir, daß die moderne „wissenschaftliche" Geographie trotz Ratzel's Anthropogeographie diese Auffassung so ziemlich als eine überwundene ansieht. Aber in dieser Frage reiche ich ihm gerne die Hand, wenn er sie nehmen will. Da will ich gerne mit ihm in der gleichen Verdammnis sein.

Also könnten wir uns brüderlich in die Arme sinken und ausrufen: „Wir haben uns gefunden" — so weit es sich wenigstens um die Stellung der allgemeinen Geschichte (oder Kulturgeschichte) zu den einzelnen Disciplinen handelt. Doch nicht ganz! Es besteht ein Gegensatz der Meinungen, zwar nicht in der allgemeinen Auffassung, aber in Fragen der Methode, und er ist wichtig genug, um in möglichst helles Licht gerückt zu werden.

Ich habe oben S. 10 Gothein's Bemerkung citiert: „D. Schäfer sieht in dem Schematismus der Universitäten, wie er aus praktischen Gründen, aus Lehrzwecken, entstanden ist, die notwendige Gliederung der Wissenschaften selber." Ich finde in meiner Rede keine Äußerung, die Gothein berechtigte, mir eine solche Meinung zuzuschreiben. Möglicherweise lag der Anlaß in meiner Äußerung S. 26: „Neben der eigentlichen Geschichte behaupten Kirchen- und Rechts-, Sprach-, Litteratur- und Kunstgeschichte zum Teil seit Jahrhunderten eine vollkommen selbständige Stellung, die a u c h i m L e h r p l a n d e r U n i v e r s i t ä t e n i h r e n u n z w e i d e u t i g e n A u s d r u c k g e f u n d e n h a t." Aber es liegt auf der Hand, daß die gesperrten Worte keinen genügenden Grund abgeben können, meine Meinung so darzustellen, wie er es thut. Doch dem sei, wie ihm wolle. Hier ist doch ein Gegensatz! Ich denke nicht so gering von dem Schematismus der Universitäten wie Gothein. Ich kann nicht anders erkennen, als daß unsere Universitäten in allem

Wesentlichen mit der thatsächlichen Entwickelung der Wissenschaft volle Fühlung bewahren. Das ist ihr Vorzug und ihr berechtigter Stolz, daß sie keine scholastischen Lehranstalten mehr sind, sondern organische Gebilde, die sich in steter Berührung mit dem Leben weiter entwickeln. Über die Aufnahme oder Nichtaufnahme eines neu sich entwickelnden Wissenszweiges in den akademischen Lehrplan kann man nicht als über eine gleichgültige Thatsache achselzuckend hinweggehen. Es giebt keine Wissenschaft, die nicht eine methodische Vorbildung erforderte. Auch durch die glänzendsten Leistungen gottbegnadeter Autodidakten kann diese Wahrheit nicht zu Schanden gemacht werden. Wie man aber diese methodische Vorbildung sichern will ohne den „Schematismus" der Universitäten, würde die gebildete Welt gewiß mit Interesse vernehmen.

Und hier schlüpft denn doch Gothein über die Schwierigkeiten, die dem Historiker erwachsen aus der Verpflichtung, menschlicher Kultur nach den verschiedensten Richtungen zu folgen, zu leicht hinweg. Er hält es für selbstverständlich, daß an den Historiker die höchsten Anforderungen zu stellen sind: „Da für seine Forschung oberstes Gesetz ist, niemals eine abgeleitete Quelle zu benützen, wo ihm eine ursprüngliche zu Gebote steht, so bleibt ihm nichts anderes übrig, als überall mit eigenen Augen zu sehen, mit eignem Forschen auf den Gebieten der Religions-, der Wirtschafts-, der Rechts-, der Litterar- und Kunstgeschichte vorzugehen." Das ist viel verlangt! Denn Gothein hätte mit demselben Rechte noch ein Dutzend weitere Sonderdisciplinen hinzufügen können. Aber prinzipielle Einwendungen lassen sich kaum erheben. Und doch werden sich solcher Forderung gegenüber Zweifel geltend machen, ob sie praktisch durchführbar ist, oder ob die Verhältnisse notwendig eine Beschränkung fordern, wenn überhaupt noch allgemeine Geschichte möglich sein soll. Ich muß gestehen, daß ich in dieser Forderung nur eine schematische Übertragung eines an sich unbestreitbaren Forschungsgrundsatzes auf die gesamte historische Thätigkeit erblicken kann.

Das ist ja sicher, daß die historische Methode an sich nur eine ist, gerichtet zunächst auf die Feststellung des Thatsächlichen, dann auf die Erkenntnis des Zusammenhangs der Thatsachen, bisweilen auf beides zugleich, da es unter Umständen nicht zu trennen ist. Jeder, der überhaupt historisch arbeiten will, hat sich dieser Methode zu bedienen. Aber das Gelingen der Arbeit ist abhängig von sehr verschiedenen Voraussetzungen, je nach dem Gebiet, auf dem sie liegt. Denn jede der oben berührten und der sonst noch entwickelten Disciplinen stellt ihre besonderen Ziele und — hat mit diesen ihren Anforderungen und ihren Zielen eine unbestreitbare Berechtigung. Kann Jemand auf Grund allgemein historischer Schulung eine Kirchengeschichte schreiben ohne theologische, dogmatische Kenntnisse? eine Litteraturgeschichte ohne gründliche ästhetische und sprachliche Durchbildung? eine Kunstgeschichte ohne eine klare Vorstellung von der Technik der verschiedenen Künste? Wer möchte sich heute noch an eine Baugeschichte wagen, ohne selbst bis zu einem gewissen Grade Architekt, an eine Kriegsgeschichte ohne Militär zu sein? Wer, der einmal auf wirtschaftshistorischem Gebiete gearbeitet, hätten nicht den Mangel an Kenntnissen in dieser oder jener Handels-, Gewerbs-, landwirtschaftlichen Technik empfunden? Derartige Fragen könnte man noch Dutzende stellen, bis hinab zu den unscheinbarsten Seiten menschlicher Kultur — denn, ich wiederhole: „auch das Kleinste kann unter Umständen in Betracht kommen" — und würde allemal die gleiche Antwort geben müssen. Wer auf diesen Gebieten größere zusammenhängende Arbeiten unternimmt, der muß sich ihren Erkenntnisbedingungen unweigerlich fügen, oder die Schätze der Wissenschaft bleiben für ihn ungehoben. Läßt sich der Historiker, der seinen Blick aufs Ganze gerichtet haben soll, auf solche umfassendere Unternehmungen ein, so wird er unweigerlich ge-

zwungen werden, Jahre der Sonderbisciplin zu widmen. In
diesem Sinne habe ich gesagt, daß von ihm hier größere Leistungen
nicht erwartet werden könnten. Wenn Gothein mir da (S. 10)
Ranke's Verdienste um die Geschichte der Finanzen entgegenhält,
so macht mich das einigermaßen staunen. Giebt es denn, abgesehen von Verfassung, Wehrkraft und Recht, ein Gebiet staatlichen
Lebens, das dem der Finanzen an Bedeutung gleichkäme? Und da
sollte es auffallen, daß ein Mann wie Ranke, der in allem, was
er historisch schrieb, den Staat so fest ins Auge faßte wie kaum
einer zuvor, diesen Fragen seinen Forschergeist zuwendete? Welcher
Historiker ginge denn überhaupt an ihnen vorüber? Ranke griff
in der Lösung seiner Aufgaben viel weiter hinaus als auf diese von
staatlichem Leben unzertrennlichen Gebiete. Was verdanken
wir nicht seinen religionsgeschichtlichen Auseinandersetzungen, seinen
feinen litterarhistorischen Bemerkungen! Trotz alledem aber
blieb er, was er sein wollte, ein schlichter Historiker, der nur er-
zählen wollte, wie es eigentlich gewesen, kein Kulturhistoriker mit
dem Stempel, den Gothein ihm aufdrücken möchte. Doch davon
später!

Denn nicht darin liegt die Schwierigkeit, die aus der fast
unübersehbaren Entwickelung der einzelnen historischen Disciplinen
erwächst, daß nicht ein Einzelner mehrere Gebiete zugleich zu übersehen vermöchte, und zwar nicht in der polyhistorischen Weise ver-
gangener Zeiten als „mechanisches Gemenge", sondern wirklich in
„organischer Verbindung". Wenn allerdings Gothein die Frage
aufwirft, ob Waitz mehr Historiker oder Jurist war, so kann es
darauf nur eine runde Antwort geben. Waitz war Historiker,
und eben deshalb findet sein Hauptwerk, die deutsche Verfassungs-
geschichte, bei Juristen, wie ja auch Gothein bekannt sein wird,
selten mehr als bedingte Anerkennung. Aber Waitz war ein
Mann von umfassendster Bildung und geradezu überraschender
Vielseitigkeit. Und Ähnliches ließe sich noch von manchem anderen

Sohne unseres Jahrhunderts sagen. Denn das Säculum war reich, überaus reich an wissenschaftlicher Kraft, und nicht zuletzt war unser deutsches Volk begnadet. Aber gleichwohl, alles umfassen kann keiner. Das hat auch Ranke, der reichste historische Geist aller Zeiten, nicht gekonnt. Wie ist da zu helfen? Nur durch Teilung der Arbeit. Nichts hindert den allgemeinen Historiker — den Kulturhistoriker, wenn Gothein den Namen lieber hört — bei dieser Teilarbeit selbst mit Hand anzulegen. Wie es seiner Neigung zusagt, seiner Befähigung entspricht! Wie es vor allen Dingen seine historische Fragestellung unter Umständen erfordert! Stellt es sich bei umfassenderen historischen Aufgaben heraus, daß man an allen Punkten auf die ursprünglichsten Quellen zurückzugehen hat, so sind sie in vielen Fällen nicht lösbar — aus Mangel an Vorarbeiten! Denn als allgemein gültig für das gesamte weite Feld, das der Beobachtung des Historikers unterliegt, kann doch nur die Forderung aufgestellt werden, daß er Vorarbeiten zu benutzen versteht, daß er ihre wissenschaftliche Verwendbarkeit resp. ihre Unbrauchbarkeit sicher zu erkennen vermag. Je umfassender seine Befähigung ist, unter Umständen selbst die Lücken auszufüllen, um so reichere Resultate wird er erzielen, um so sicherer Zusammenhang und Wert der Dinge erkennen. Unbedingtes Erfordernis ist, daß er in allem, was äußere und innere Politik des Staates betrifft, völlig kompetent sei. Verfügt er darüber hinaus noch über ein selbständiges Urteil auf den zunächst verwandten Gebieten der Kirchen-, der Rechts-, der Wirtschaftsgeschichte, besitzt er litterarische Belesenheit und ein entwickeltes ästhetisches und sprachliches Gefühl, vermag er auf all diesen oder gar noch auf mehr Gebieten als unabhängiger Forscher einzugreifen, auf die letzten Quellen zurückzugehen, so erhebt er sich wesentlich über den Durchschnitt der Fachgenossen, so sind Leistungen ersten Ranges, echt historische Arbeiten von ihm zu erwarten. Ich will hier Namen nicht nennen, weil das Beste, abgesehen von Ranke, mehrfach von Lebenden geleistet worden ist. Daß aber irgend einer, der sich die Aufgabe gestellt hat, umfassendere Entwickelungen im Zusammenhang darzulegen, allüberall auf die ursprünglichen Quellen zurückgegangen wäre, das muß mit aller Entschiedenheit in Abrede gestellt werden. Das ist eine unvernünftige, weil unerfüllbare Forderung. Ich habe nichts dagegen, wenn man diejenigen, welche sich ihre Ziele enger stecken, als rein politische Historiker bezeichnen will. Aber daß man diese denn doch nicht einfach abthun kann als Darsteller von Haupt- und Staats-Aktionen, das scheinen mir Droysen's Geschichte der preußischen Politik und Sybel's Begründung des Deutschen Reiches denn doch klar zu erweisen.

Zweifellos aber ist es auch Gothein mit dieser Forderung gar kein voller Ernst. Er hat selbst ein Buch geschrieben: Die Kulturentwickelung Süd-Italiens in Einzeldarstellungen. Die Einzeldarstellungen sind eine Reihe von farbenreichen Bildern, zusammengestellt in innerlich verwandte Gruppen. Diese Bilder beruhen auf Forschungen Gothein's. Aber ist Gothein in diesen Forschungen nun überall auf die letzten Quellen zurückgegangen? Schon ein Blick auf die Nachweise zeugt vom Gegenteil. Und nun gar erst in dem einleitenden Überblick, der speziell den Titel trägt: Die Kulturentwickelung Süditaliens. Da ist von einem solchen Zurückgehen gar nicht die Rede! Und wird nun irgend ein besonnener Urteiler daraus einen Vorwurf konstruieren? Schwerlich. Auch fällt es mir meinerseits gar nicht ein, den Wert seines Buches zu messen an der Frage, ob der Staat und seine Entwickelung in demselben auch die genügende Würdigung gefunden haben. Ich gehe zwar nicht so weit wie Gothein, wenn er behauptet: „Das künstlerische Moment, das die Geschichtschreibung vor allen andern Wissenschaften auszeichnet, bleibt für den Historiker das Erste und Letzte"; aber er hat, zumal in jüngster

Zeit wiederholt von namhaften Fachgenoſſen der künſtleriſche Charakter der Geſchichtſchreibung lebhaft beſtritten worden iſt, meine volle Sympathie, wenn er energiſch betont, daß Geſchichtſchreibung nicht nur eine Wiſſenſchaft, ſondern auch eine Kunſt iſt. In der Kunſt aber hat vor allem die Perſönlichkeit ihr Recht. Hier entſcheidet die Leiſtung, nicht die Theorie. Und ſo wird es keinem Manne von allgemeiner Bildung einfallen, ehrlicher hiſtoriſcher Arbeit die Berechtigung zu verſagen, weil ſie nicht hineinpaſſe in dieſes oder jenes Schema. Wenn man verſucht, allgemeine Regeln feſtzulegen, ſo können dieſe Sätze doch niemals hinauskommen über die Bedeutung eben von Regeln. Neben ihnen behält die Individualität ihr volles Recht. Welcher Hiſtoriker wird ſich nicht beugen vor dem Geiſte eines Hehn, wenngleich die Intereſſen dieſes Mannes allgemeingeſchichtlicher Betrachtung nicht zugeneigt waren. In dieſer Weiſe kann die „Zunft" doch nur Geiſter beſchränkteſter Art gefangen halten. Jeder möge ſeinen Intereſſen nachgehen, auf einem, auf mehreren Sondergebieten oder in Verſuchen allgemein hiſtoriſchen Zuſammenfaſſens, wenn er nur die eine Bedingung erfüllt, daß er klar iſt über die Vorausſetzungen wiſſenſchaftlicher Erkenntnis in allem, was er in die Hand nimmt.

Und im Anſchluß daran möchte ich mir noch einige wenige Bemerkungen über die Sonderdisciplin der Wirtſchaftsgeſchichte erlauben. Gothein geſtattet ſich in dieſem Zuſammenhange die einzige perſönliche Bemerkung gegen mich, die ich überhaupt in ſeinem Schriftchen finde. Er ſagt S. 45: „Dietrich Schäfer ſtellt der Wirtſchaftsgeſchichte etwas gönnerhaft die ſelbſtändige, auch äußerlich anerkannte Stellung in Ausſicht, wenn ſie noch mehr leiſtet als bisher." Mit Verlaub, das hat Dietrich Schäfer nicht gethan. Dietrich Schäfer hat S. 29 die Forderung zurückgewieſen, „daß Geſchichte in erſter Linie vom wirtſchaftlichen Standpunkte aus zu ſchreiben ſei", und hat daran die Bemerkung geknüpft: „Wohl aber wäre zu erwägen, ob die Wirtſchaftsgeſchichte in selbständigerer Stellung und mit der Möglichkeit einer festeren Schulung nicht wesentlich mehr für ihre und der allgemeinen Geschichte Aufgaben leisten könnte als bisher." Das ist doch etwas ganz Anderes und gewiß nichts Gönnerhaftes. Daß die Wirtschaftsgeschichte an unseren Hochschulen in der Weise wie etwa Kirchen- und Rechtsgeschichte eine Lehrdisciplin nicht ist, ist doch eine Thatsache (daß Gothein diese Thatsache gleichgültig wäre, möchte ich doch aus seiner Äußerung vom Schematismus der Universitäten noch nicht schließen), und eine für mich nicht weniger feststehende Thatsache ist die, daß auf dem Gebiete wirtschaftshistorischer Forschungen besonders häufig verstoßen wird gegen die Grundbedingungen historischer Erkenntnis überhaupt. Es kann mir nicht in den Sinn kommen, die Arbeiten von Männern wie Roscher, Hansen, Inama-Sternegg herabsetzen zu wollen, auch die Verdienste Gustav Schmoller's erkenne ich in ihren Grenzen unumwunden an. Aber wenn Gothein S. 16 sagt, daß G. Schmoller „die erste kritische, alle Momente erfassende Darstellung des deutschen Zunftwesens geschrieben, als Gegenstand ein einzelnes Handwerk in einer einzelnen Stadt wählend", und dann hinzufügt: „Niemand kann zweifeln, daß er damit allen Anforderungen genügte", so muß ich doch erklären, daß ich ein Zweifler bin und, wie Gothein wissen konnte, als er den Satz niederschrieb, nicht der erste[1]). Und wenn ich weiter sehe, wie von nicht wenigen jüngeren Wirtschaftshistorikern überhastete Arbeiten auf den Markt gebracht werden, Arbeiten, die unter den gröbsten Verstößen gegen die einfachsten Grundsätze historischer Forschung zu Stande gekommen sind, wie derartige von kleinen und großen Fehlern und schiefen Urteilen bisweilen geradezu wimmelnde Arbeiten von unberufenen Referenten manchmal als

---

[1]) Gothein will, daß der „Kulturhistoriker" mit „Experimenten", nach Typen arbeite. Die Forderung will ich nicht weiter diskutieren. Ich meine aber, den Versuch, sie am Mittelalter durchzuführen, kann nur jemand machen, der dem Verständnis dieser Zeit noch recht fern steht.

Triumphe der Wissenschaft, als unumstößliche Forschungsergebnisse ausposaunt werden, wie endlich gar noch eine bedenkliche Neigung besteht, diese „Forschungsergebnisse" zu verwerten bei der Lösung von Tagesfragen, so halte ich mich allerdings berechtigt, Einspruch zu erheben und von der „Möglichkeit" zu reden, daß „eine festere Schulung mehr für die Aufgaben der Wirtschafts-, wie der allgemeinen Geschichte leisten könnte". Ich kann in einer derartigen Äußerung nichts „Gönnerhaftes" finden und glaube nicht, daß irgend jemand das Recht hat, auf Grund derselben mir eine Geringschätzung der Wirtschaftsgeschichte vorzuwerfen. Wenn Gothein meint, daß ich die Vertreter der Wirtschaftsgeschichte von einem nie begangenen Vergehen absolviere, indem ich ihnen zu Gute halten wolle, daß sie gar der Ansicht gewesen, Weltgeschichte müsse vom wirtschaftlichen Standpunkte aus geschrieben werden, so muß ich dem gegenüber, was ich gesagt, in vollem Maße aufrecht erhalten. Solche Anschauungen bestehen, trotzdem Gothein von ihnen keine Kenntnis hat. Das hier näher darzulegen, fühle ich mich nicht verpflichtet, trotzdem ich die Behauptung wiederhole. Es möchte sich dazu vielleicht eine andere Gelegenheit bieten; die hier zur Diskussion stehende Frage würde durch derartige Erörterungen eher gehemmt als gefördert werden. In Sachen des Verhältnisses der allgemeinen Geschichte zu den Einzeldisciplinen glaube ich, sowohl was allgemeine Auffassung, als was Methode anbelangt, meinen Standpunkt so klar bezeichnet zu haben, daß ich hoffen darf, vor Mißverständnissen sicher zu sein. Mehr kann ich nicht beabsichtigen.

Nun blieb aber die Hauptfrage bis jetzt unberührt. Ist es wirklich der Staat, der im Vordergrunde menschlicher Kultur steht?

Nimmt er wirklich eine Stellung ein, die uns nötigt, alle anderen Seiten menschlicher Entwickelung auf ihre Beziehungen zu ihm zu untersuchen, wenn man zum möglichst umfassenden einheitlichen Gesichtspunkt gelangen will?

Gothein leugnet das.

Gothein ist so freundlich gewesen, meinen beiden kleinen Publikationen „Das Buch des lübeckischen Vogts auf Schonen" und „Die Hanse und ihre Handelspolitik" einige Zeilen warmer Anerkennung zu widmen. Ich sage ihm dafür aufrichtig Dank. Aber wenn er nun aus ihnen einen Gegensatz konstruiert zwischen dem „Historiker und dem Theoretiker Dietrich Schäfer", so bedauere ich tief, daß einem Leser, der das höchste Ziel geschichtlicher Arbeit in einer „Geschichte der Ideen" sieht, so ganz und gar der Grundgedanke entgangen ist, der sich in gleicher Weise aus der minutiösen Detailarbeit des „Vogtsbuches", wie aus der summarischen Zusammenfassung der kleinen Broschüre mit zwingender Gewalt ergiebt. Ich glaubte ihn so deutlich ausgesprochen zu haben in dem Schlußsatz der letzteren, daß „wirtschaftliche Größe nur zu erringen und zu behaupten ist durch politische Macht", im Vorwort zum Vogtsbuche durch die Bemerkung, daß die Hanse emporgekommen dadurch, daß „eine genügende politische Macht bereit gewesen, die Gunst geographischer und wirtschaftlicher Verhältnisse auszunutzen". Diese Wahrheit zu finden, war Lohn der einen, sie einem größeren Kreise darzulegen, Ziel der anderen Arbeit. Ich muß aber noch eine weitere Bemerkung aus der eigenen Erfahrung machen. Gerade die Geschichte der Hanse möchte doch auf den ersten Blick als eine wesentlich, ja ganz überwiegend „kulturhistorische" Episode erscheinen. Eben diese Geschichte der Hanse aber ist es gewesen, die bei tiefer und tiefer bringendem Verständnis in mir die Überzeugung unerschütterlich gefestigt hat, daß die Entfaltung staatlicher Macht die Grundbedingung jeder höheren Kultur ist. Meine frühesten und tiefsten historischen Eindrücke gehen nicht wie die Gothein's auf Schlosser zurück. Ich zweifle auch, daß Schlosser in den letzten Jahrzehnten noch die Bedeutung für unsere gebildete Welt gehabt hat, die Gothein ihm zuschreibt. Für mein historisches Denken sind Ranke's, Häusser's, Dahlmann's Schriften, Ad. Schmidt's und Treitschke's Vorlesungen bestimmend geworden. Aber was ich aus ihnen entnahm, daß nichts entscheidender eingreift in die Entwickelung menschlicher Geschicke als der Staat, das ist mir doch erst zu vollem Verständnis gekommen, seitdem ich diese Wahrheit ungesucht in den hansischen Spezialstudien wiederfand, und zwar um so deutlicher und klarer, je tiefer ich eindrang in das Detail, so daß ich jetzt manches zurücknehmen möchte, was ich vor 12 Jahren bei geringerer Vertrautheit mit dem Gegenstand in meiner größeren Arbeit zur hansischen Geschichte niederschrieb. Emporkommen, Blühen, Sinken der städtischen Kultur des norddeutschen Mittelalters, die doch immerhin eine der glänzenderen Seiten unserer geschichtlichen Entwickelung darstellt, kann nur verstehen, wer fest im Auge behält die politische Macht, welche die hansischen Gemeinwesen aus eigener Kraft oder in Anlehnung an nachbarliche Gewalten entfalten konnten.

Und diese empirisch teils gewonnene, teils befestigte Erkenntnis bestätigt sich mir immer von neuem, so oft Neigung oder Amt Anlaß geben zur Beschäftigung mit der allgemeinen Geschichte. Gothein bemüht sich (S. 18—26) darzulegen, daß es Epochen gegeben, in denen der Staat nicht im Vordergrund der Entwickelung gestanden habe, in denen Aufgaben zu lösen waren, die auf anderen Gebieten lagen. Daß vorübergehend Zeiten eingetreten sind, in denen andere Kulturgebiete einen breiteren Raum einnahmen im Interesse der Lebenden, kann ja nicht in Zweifel gezogen werden. Aber damit ist noch in keiner Weise entschieden die Frage, daß derartige Zeitinteressen auch entscheidend gewesen sind für die weitere historische Entwickelung. Von dem Erscheinen eines Kometen oder dem Auftreten einer Sängerin oder

Tänzerin bis zum Emporkommen neuer religiöser Anschauungen oder der Verbreitung neuer Erfindungen können ja die allerverschiedensten Hergänge die Aufmerksamkeit des Menschen auf längere oder kürzere Zeit überwiegend oder fast ausschließlich in Anspruch nehmen, seine Thätigkeit beschäftigen, aber ob diese Hergänge auf die Entwickelung der Menschheit Einfluß gewinnen, das hängt doch in erster Linie davon ab, ob sie einen Eindruck hinterlassen in der vornehmsten Gliederungsform, die menschliches Dasein überhaupt kennt, der Vorbedingung jeder höheren Kultur, dem Staate. Ideen können hervorgehen aus den verschiedensten Seiten menschlichen Geisteslebens, aber „Aufgaben" können einer „Epoche" doch erst aus ihnen erwachsen, wenn sich die Notwendigkeit herausstellt, diese Ideen zu verschmelzen mit den staatlichen und demnächst den kirchlichen und gesellschaftlichen Verhältnissen der Zeit. Gothein faßt zum Schluß seine Darlegungen so zusammen: „Ob die Staatsidee die Herrschaft behauptet im Geiste der Menschen, hängt davon ab, ob das Staatsleben sich aller wahren Ideen, welche die Kulturentwickelung aus sich erzeugt, zu bemächtigen und ihnen gerecht zu werden versteht." Nach Gothein würde also die Staatsidee untergehen oder Schaden nehmen, wenn sie dies nicht vermag. Mir scheint historische Erfahrung zu zeigen, daß in solchen Fällen die Ideen die Entwickelung neuer Staats formen bewirken, in denen sie zu voller Entfaltung gelangen können, daß aber die Staatsidee an sich unwandelbar ist. Ich würde daher gerade umgekehrt sagen: „Ob eine Idee (oder eine Thatsache) für die Entwickelung menschlicher Kultur größere Bedeutung erlangt, hängt davon ab, ob sie in irgend einer Form Einfluß zu gewinnen vermag auf staatliches Leben"[1]).

---

[1]) Wenn Gothein in diesem Zusammenhange S. 26 den Ausspruch thut: „Nicht auf der Machtentfaltung wird die Entwickelung der Geschichte beruhen, sondern darauf, ob die Staatsidee die Herrschaft behauptet im Geiste der Menschen", so vermag ich den Gegensatz nicht zu finden. Machtentfaltung des Staates ist

Doch treten wir in Kürze den Einzelheiten näher! Ich will mich dabei streng an Gothein halten, der naturgemäß diejenigen Perioden herausgreift, in denen ihm der Staat am meisten zurückzutreten scheint in der allgemeinen Entwickelung. Man darf wohl annehmen, daß er für die vorauf- und zwischenliegenden Zeiträume die ausschlaggebende Bedeutung des Staates weniger bestreitet, einzeln gesteht er sie direkt zu. Gothein setzt ein mit dem „sinkenden Altertum", in dem „der Staat in die Defensive gerückt sei gegenüber der stillen Macht neuer Kulturelemente, die ihm feindlich sind". Ich bin der Meinung, daß die welthistorische Bedeutung dieser neuen Kulturelemente abhing von der Frage, ob sie sich des Staates bemächtigen konnten oder nicht. Mir erscheint das Bestehen des römischen Universalstaates als eine welthistorische Voraussetzung der Verbreitung des Christentums. Wie oft ist es nachgewiesen worden, daß das staatsfeindliche Christentum, dessen Reich nicht von dieser Welt war, sich verkehren mußte in sein Gegenteil, wenn es sein Ziel erreichen wollte, daß es diese Welt unterjochen mußte, ehe es sie beherrschen konnte! Wie oft hat man darauf hingewiesen, daß die Religion, deren Gott nicht in Tempeln wohnte mit Menschenhänden gemacht, im Dienste dieses Gottes die gewaltigsten Bauten schuf, und Ähnliches! Im irdischen Dasein des Menschen sind die Dinge dieser Welt stärker und dauernder als die des Jenseit. Die Ideen können die Dinge erfüllen, durchdringen; in ihrem innern Wesen ändern können sie dieselben nicht. Das Christentum kann man sich hinwegdenken, das Vorhandensein staatlicher Gliederung nicht. Man braucht diese These nur so zu stellen, um zu erkennen, was das Wesentliche, das Bleibende und was das Zufällige, das Vorübergehende ist. Allerdings,

---

nur möglich, wenn seine Idee die Herrschaft behauptet im Geiste der Menschen. Übrigens habe ich nirgends gesagt, daß die Entwickelung der Geschichte auf der Machtentfaltung beruhe, die Gothein hier im Auge hat, der rein materiellen, der der Waffen.

wer sich auf den Boden der spezifisch-christlichen Weltanschauung stellt, wird die Sache anders ansehen. Aber über den diskutieren wir hier ja wohl nicht. Wenn Gothein die Umwandlung des Heidentums zum Christentum als die merkwürdigste aller kulturgeschichtlichen Thatsachen bezeichnet, so erscheint sie mir als der großartigste aller historischen Hergänge. Und in diesem Sinne kann ich auch in Jakob Burckhardt's herrlichem Buche über die Zeit Konstantins des Großen die Besprechung des Staatswesens nicht als den „Rahmen" ansehen, sondern nur als das Knochengerüst, ohne das der Aufbau des Körpers undenkbar ist.

Ich muß gestehen, ich begreife nicht recht, warum Gothein nicht das ganze Mittelalter für seine Auffassung ins Gefecht führt. Denn nicht ganz mit Unrecht ist gesagt worden: „Die christliche Lehre war gewissermaßen die Achse, um welche sich die Geschichte des Abendlandes im Mittelalter bewegte"[1]). Dann wäre doch wenigstens Konsequenz in der Sache, und der Beobachter brauchte nicht beständig von dem einen Standpunkte auf den andern hinüberzuhüpfen. Aber er begnügt sich mit dem „Zeitalter der Kreuzzüge und der vollen Ausbildung der päpstlichen Gewalt" und nimmt nur für sie in Anspruch, „daß die politische Geschichte e i n f a c h in den Dienst der Kulturgeschichte zu treten habe"; er findet sogar, daß „die wissenschaftliche Bewegung auf diesem Gebiete die unverkennbaren Spuren eines Einlenkens in die bezeichnete Richtung trage". Denkt er dabei etwa an Prutz' Kulturgeschichte der Kreuzzüge? Ich bin erstaunt, daß man das „Zeitalter der Kreuzzüge" so verkennen kann. Gewiß haben die Kreuzzüge ihre Bedeutung gehabt für die Entwickelung der abendländischen Kultur — das näher beleuchtet zu haben, dafür verdient vor allen

---

[1]) Es ist die schwache Seite in dem trefflichen Werke des zu früh verstorbenen Heinrich von Eicken: „Geschichte und System der mittelalterlichen Weltanschauung", daß es zu viel mit den Doktrinen, den ausgesprochenen Meinungen, zu wenig mit den Ereignissen, den geschehenen Thaten operiert.

Heyd Dank — aber wie kann man auf diese Weise den Zweig für den Stamm ansehen! Liegt denn der Schwerpunkt der europäischen Geschichte des 11.—13. Jahrhunderts in Syrien und Palästina oder in Deutschland, Frankreich und Italien? Ist denn die „volle Ausbildung der päpstlichen Gewalt" etwas anderes als der Kampf um die oberste Machtstellung in der abendländischen, der europäischen Christenheit, also eine eminent politische Frage? Besteht denn nicht die überwältigende Größe Gregors gegenüber den widerstrebenden Gesinnungsgenossen seiner kirchlichen Überzeugungen darin, daß er klar erkannte, wie die gesteckten Ziele der sogenannten Freiheit der Kirche nur zu erreichen seien durch Beugung der neben und über ihr stehenden staatlichen Gewalten? Hätten denn Gotheins „große religiöse Bewegungen, die sich des Staates und überhaupt aller äußeren Machtmittel bemächtigen wollten", überhaupt emporkommen können, wenn nicht gefördert und begünstigt durch eben diese staatlichen Gewalten? Ist denn Ottos I., Heinrichs III. Eingreifen in die kirchlichen Verhältnisse bedeutungslos gewesen? Nicht die Kreuzzüge sind entscheidend geworden für die Weiterentwickelung des Abendlandes, sondern die Zertrümmerung der römisch-italienischen Machtstellung der deutschen Könige, die Entwickelung des Territorialwesens in Deutschland und Italien, das Emporsteigen Frankreichs zur bestimmenden politischen Macht Europas, wie es in der Übersiedelung der Päpste nach Avignon seinen Ausdruck findet. Auch hier sind es die staatlichen Gebilde, deren Geschicke den vornehmsten Maßstab abgeben müssen für eine historische Würdigung der allgemeinen Kultur. Sie sind das Vorhandene, das Bestehende und das Bleibende, der soziale Körper, an dem die Wandlungen sich vollziehen. Echte, wahre Geschichte hat der Historiker dieser Epoche zu schreiben, nicht Kulturgeschichte.

Aber zu derartig schiefer, schwankender Geschichtsauffassung gelangt man, wenn man Gewicht legt auf die Namen, die Schul- und Kompendienbedürfnissen ihre Entstehung verdanken: Zeitalter der Kreuzzüge, der Entdeckungen, der Renaissance, der Reformation, der Gegenreformation. „Der Sprachgebrauch selber hat längst für den Vorrang der Kulturgeschichte in jenen Jahrhunderten entschieden", meint Gothein, indem er sie aufzählt. Ich weiß nicht, warum er nicht anführt: Zeitalter des Lehnswesens, Ritterzeit, Zeit der Völkerwanderung? Sprechen wir nicht von einer karolingischen, einer staufischen Zeit, einer Zeit der Normaneneinfälle? Was kann nicht alles einer Zeit den Namen geben? Man denke nur an die pornokratische Periode des Papsttums! Aber deckt denn die Namengebung den bleibenden Inhalt einer Sache? Hält sie sich nicht an die unterscheidenden Merkmale? Wie ist denn das zu verstehen: Zeitalter der Entdeckungen, der Renaissance, der Reformation, der Gegenreformation? Doch nicht anders, als daß in der betreffenden Periode diese Entwickelungen Einfluß gewonnen haben auf die Kultur der europäischen Menschheit. War aber nicht diese vorher wie nachher gegliedert in staatliche Bildungen? Sie war es so fest, daß selbst jene tief und weit greifenden Entwickelungen am äußeren Bestande dieser Staaten nur in ganz vereinzelten Fällen etwas Wesentliches zu ändern vermochten. Wenn Gothein beiläufig bemerkt: „Freilich bildet sich damals (nämlich in der Zeit der Reformation) auch das moderne politische Staatensystem aus", so ist das eine Gruppierung, die doch stark nach den üblichen Kompendien riecht und die mich Wunder nimmt bei einem Leser und Verehrer von Ranke. Wer selbständig eindringt in das Verständnis der Zeit, der wird bald erkennen, daß die welthistorische Bedeutung der einzelnen Bewegungen sich abmißt nach dem Maße der Kraft, die sie in den staatlichen Gebilden der Zeit zu äußern vermochten.

Da ist zunächst das Zeitalter der Entdeckungen (häufig setzt man noch hinzu: der Erfindungen, aber da Gothein das nicht thut, will ich diese beiseite lassen). Sie erweiterten den Blick des Menschen über den Erdball und erregten das Interesse der gebildeten

Welt von Papst Leo bis zum deutschen Schulmeister Waldseemüller. Aber liegt darin ihre weltgeschichtliche Bedeutung? Der moderne Mensch pflegt sie zu finden in der Unermeßlichkeit des Verkehrs, der zwischen Europa und Amerika stattfindet. Aber der Unterrichtete weiß, daß dieser Verkehr sehr neuen Ursprungs ist. Die ungeheuere Zufuhr von Massenartikeln, die heute Amerika für die europäische Industrie, für Ernährung, Bekleidung, Genuß des alten Erdteils liefert, ist erst ein Ergebnis der Verkehrserleichterungen unseres Jahrhunderts. Die Baumwollausfuhr begann im Jahre 1748 mit 7 Ballen aus dem Hafen von Charleston; noch 1792 wurde in England die Frage erörtert, ob Amerika alljährlich mit Sicherheit 100 Ballen werde liefern können (heute liefert es 7 Millionen und mehr). Weit jüngeren Datums noch ist die beherrschende Stellung Brasiliens in der Kaffeeproduktion. Und erst recht Petroleum! Die sämtlichen Cerealien, abgesehen vom Mais, dann alle Haustiere hat Europa erst Amerika geschenkt, jene Dinge, deren überseeische Massenproduktion heute dem mitteleuropäischen Landwirt so viel Sorge bereitet. Das Zuckerrohr brachten die Spanier von den Canarischen Inseln. Die Kartoffel, die wir Amerika verdanken, ist nie Gegenstand eines Massenhandels gewesen. Von all diesen Dingen weiß das 16. Jahrhundert so gut wie nichts. Wie oft ist in den ersten Jahrzehnten nach der That des Columbus in Spanien die Klage gehört worden, die uns in kolonialen Fragen vertraut ist: Wozu sind diese Lande gut! Die Anschauung ändert sich erst seit der Eroberung von Mexiko, verschwindet vollständig mit der Besitzergreifung von Peru. Durch das Zuströmen der Edelmetalle gewinnen diese Entdeckungen einen bestimmenden Einfluß auf die europäische Entwickelung. Spanien, das nach seinen ganzen Traditionen bestimmt war, die feste Burg des Katholicismus zu werden, gewann die Machtmittel, sich aufzuwerfen zum Vorkämpfer des alten Kirchentums. Die Gegenreformation hätte nie die Erfolge errungen, die sie thatsächlich aufzuweisen hat, ohne das Gold und Silber aus den Minen von Mexiko und Peru. In diesem tiefgreifenden Einfluß auf die staatliche und damit die konfessionelle Gestaltung Europas liegt die erste große Einwirkung des neuen Erdteils auf unsere Geschicke. Durch Jahrhunderte ist dann Amerika für den allgemeinen Gang der Dinge in Europa ziemlich gleichgültig gewesen trotz der Wichtigkeit, die der Merkantilismus dem Zuckerrohr, dem westindischen Schleichhandel und andern Erwerbszweigen beilegte. Erst mit der Gründung der Union und der Losreißung der spanisch-portugiesischen Kolonien setzt eine neue, noch unabsehbare Entwickelungsreihe ein. Sie erscheint uns schon jetzt in ihrem noch mehr wirtschaftlichen als politischen Charakter phänomenal, aber ihre volle Tragweite werden wir erst ahnen, wenn die Vereinigten Staaten einmal, wozu sie sich anzuschicken scheinen, ihre unberechenbare politische Macht rücksichtslos in den Dienst ihrer wirtschaftlichen Interessen stellen. Auch hier kann der den Zusammenhang überschauende Historiker die entscheidenden Vorgänge nur in der Gestaltung der staatlichen Dinge erblicken, deren Geschicke menschliche Kultur bestimmen. Hätte die wirtschaftliche Leistungsfähigkeit der Union irgend etwas Bedenkliches für Europa, wenn auf ihrem Areal ein Dutzend oder mehr zusammenhangsloser Staaten beständen? Nein! Das sagt alles.

Ich ließ in dieser Ausführung unberücksichtigt die Auffindung des Seeweges nach Ostindien, die doch auch zu den epochemachenden Entdeckungen gezählt wird. Sie ist eine Seite für sich, hat nur wenig Berührung mit den amerikanischen Dingen. Sie ergab sofort reiche Erträge, kann aber in ihrem dauernden Wert nicht mit jenen in Vergleich gestellt werden. Sie übertrug einen altüberlieferten Handel aus den Händen Venedigs in die der Portugiesen und weiter an Niederländer und Engländer, erhebt sich aber nicht wesentlich über die allgemeine Bedeutung kolonialer Entwickelung, deren weitaus folgenreichstes Ergebnis das Emporkommen

Englands gewesen ist. In unserem Jahrhundert tritt Ostindien für Europa vollends hinter Amerika zurück.

Aber die Renaissance! „Die Entstehung des modernen Geisteslebens, seine Äußerungen auf allen Gebieten des Handelns und Denkens, das ist der einzig mögliche Inhalt, den man der Geschichte Italiens in der Renaissancezeit abgewinnen kann." So Gothein! Er meint: „In dem Ausbau des „Staates als Kunstwerk" sehen wir eine der bedeutendsten Äußerungen des v o r a u s - s e t z u n g s l o s e n t h e o r e t i s c h e n N a c h s i n n e n s. So hat es wiederum Jakob Burckhardt behandelt ꝛc.". Nein, so hat es Jakob Burckhardt nicht behandelt! Eben Jakob Burckhardt sagt in eben jenem Kapitel über den Staat als Kunstwerk: „Der große moderne Irrtum, daß man eine Verfassung m a c h e n, durch Berechnung der vorhandenen Kräfte und Richtungen neu produzieren könne, taucht zu Florenz in bewegten Zeiten immer wieder auf, und auch Machiavell ist davon nicht frei gewesen." Das sagt Jakob Burckhardt, nicht bloß Kulturhistoriker, sondern ein feiner politischer Kopf, ein echter Historiker. Gothein hat sich irre führen lassen durch die Überschrift des ersten Abschnittes der „Kultur der Renaissance". Der „Staat als Kunstwerk" bildet doch nicht die Regel im Italien der Renaissance! Sind denn etwa der florentinische oder gar der venetianische Staat als „Kunstwerke" emporgewachsen, durch „voraussetzungsloses theoretisches Nachsinnen"? Und von Florenz kann man doch wohl sagen, daß es die Renaissance am reinsten, am vielseitigsten darstellt. Gothein hätte beachten sollen, daß Burckhardt in seiner Darstellung der Renaissance vom Staate ausgeht, genau wie in seinem Konstantin. Das ist nicht Zufall! Denn die Renaissance erklärt sich zunächst aus dem politischen und wirtschaftlichen Erblühen der Stadtstaaten, wie sie der Sturz der deutschen Kaisermacht ermöglichte, die neue Verbindung mit dem Orient — hier vor allem greifen die Kreuzzüge in die Entwickelung des Abendlandes ein — förderte. Kunst und künstlerische

Übung in ihren höheren Formen können nicht gedeihen ohne Wohlstand, ja Luxus. In der Behaglichkeit, dem Reichtum des Daseins, das sich entwickeln konnte in den italienischen Gemeinwesen, erlebte der antik-künstlerische Geist der Nation sein rinascimento. In den flandrischen, in niederrheinischen, in oberdeutschen Städten haben sich unabhängig von Italien ähnliche, wenn auch nicht so glänzende Erscheinungen gezeigt, und eine energische Ausdehnung der Forschungen würde ergeben, daß auch außerhalb Italiens im 15. Jahrhundert und früher mancher Zug des „modernen", des individuellen Menschen sich selbständig entwickelte.

Aber wie die Renaissance aus einer glücklichen Situation politischer Gemeinwesen ihren Ursprung nahm, so wurde auch ihr endliches Geschick bestimmt durch die Wandlung der staatlichen Verhältnisse Italiens. Darüber kann ja ein Streit nicht sein, daß die Renaissance Früchte gezeitigt hat, die für alle Zeiten ein Gemeingut menschlicher Kultur sein werden — obgleich, wie mir scheint, unsere Zeit Anlaß hätte, sich vor einer Überschätzung zu hüten — doch war ihr auch der Geist entsprungen, der Italien widerstandslos den Fremden zu Füßen legte und der die unheilige Haltung des Hauptes der Christenheit vollendete. In dem letzten Abschnitt (Sitte und Religion) sehe ich eine schwache Seite des glänzenden Burckhardt'schen Buches, und ich finde, gerade entgegen Gothein's Ansicht, die Auffassung des hochverdienten und scharfsinnigen Georg Voigt vollauf berechtigt. Es erscheint mir unzulässig, alles mit der entwickelten Individualität decken zu wollen und eine Beurteilung des Nationalcharakters in ethischer Beziehung einfach abzulehnen. Daß unterscheidende Züge vorhanden sind, das haben uns die Vorgänge dieser Wochen in Massaua und New-Orleans doch wieder aufs grellste vor Augen geführt, und wenn einmal die Geschichte des italienischen Volkscharakters geschrieben werden wird — fortschreitende historische Detailforschung wird auch solche Aufgaben in Angriff nehmen — da wird man besser in der

Lage sein, den Wert der Renaissance und ihres Geistes für unsere Entwickelung abzuwägen. Die staatlich-nationalen Gesichtspunkte werden dem Historiker aber schon heute in den Vordergrund treten, wenn er die blendende Erscheinung einreihen will in den Gang der geschichtlichen Ereignisse.

Unendlich viel deutlicher tritt das aber hervor bei der Reformation. Das ist ja sicher, daß der Staat zunächst völlig außerhalb des Gesichtskreises des Wittenberger Reformators lag. Aber wie bald wurde die Stellung der politischen Gewalten zu der neuen Lehre entscheidend! Was wäre aus Luther's theologischer Opposition geworden, wenn sie sich nicht verquickt hätte mit der politisch-nationalen, die von fürstlicher Seite in den gravamina, beim Volke im Hasse gegen Rom ihren Ausdruck fand. Rom erntete die Früchte, die es im Streite gegen den Kaiser durch das politische Eingreifen mit kirchlichen Machtmitteln gesäet hatte, genoß die Folgen jener ebenso kurzsichtigen wie selbstsüchtigen Politik, die gerade Deutschland allein um jede Frucht der großen Reformconcilien gebracht hatte. Was die Territorien für die Festsetzung der Reformation bedeutet haben, das sollte man doch nicht mehr hervorheben müssen. Hing das Schicksal der deutschen Reformation seit dem Wormser Reichstag nicht völlig von der Entwickelung der politischen Verhältnisse ab? War die Züricher Reformation nicht ebenso sehr ein politischer Hergang als ein kirchlicher? Und die Genfer? Und die englische, die schottische, die dänische, die schwedische? Nimmt die Hugenottenbewegung nicht sofort politische Gestalt an? Hat Ranke geschrieben, damit man das übersehe? Und Gothein ist im Zweifel, ob Ranke's „Deutsche Geschichte" und seine „Geschichte der Päpste" politische oder Kulturgeschichte seien! Geschichte sind sie, echte, rechte Geschichte, und mit Meisterstrichen hat es Ranke jedem, der sehen will und kann, vor die Seele gezeichnet, daß es die Staaten sind, an deren Geschicken die Kultur der Menschen hängt. Es hieße offene Thüren einrennen, das noch irgendwie weiter ausführen zu wollen, um so mehr, als gerade in diesem Augenblicke von berufenster Seite dieser Charakter Ranke'scher Arbeit ins hellste Licht gerückt wird. „Die Geschichtschreibung Ranke's steht vollständig unter politischen Gesichtspunkten und geht in denselben auf" (Ottokar Lorenz: Leopold von Ranke. Die Generationslehre und der Geschichtsunterricht). Wenn man diese Partien von Gothein's Schrift liest, so erhält man den Eindruck, als ob dem Verfasser immer diejenigen Zeiten als kulturgeschichtlich erschienen, in denen Dichter, Denker, Künstler, Entdeckungen, Erfindungen ɿc. einen breiteren Raum einnehmen in den Weltgeschichten und Handbüchern, die andern aber als geschichtlich.

Daß die Gegenreformation einen, wenn möglich, noch mehr politischen Charakter trägt als die Reformation, bedarf kaum des Hinweises. Gewiß erfolgte eine Neubelebung des katholischen Geistes von innen heraus; von Italien und fast noch mehr von Spanien her nahm sie ihren Ursprung. Aber zu einer Bedeutung für die Geschichte Europas gelangte sie doch nur, weil sie auch die nötigen weltlichen Machtmittel fand. Nicht Feder und Wort, sondern die Waffen waren entscheidend für die Erfolge der Gegenreformation.

Für das 17. Jahrhundert „gebührt" nach Gothein „der politischen Geschichte unbestritten der Vorrang". Aber für das 18. ist ihm „die Kulturgeschichte die einzig würdige und maßgebende Darstellung". Ich vermag nicht recht einzusehen, was das Jahrhundert der Aufklärung, für Deutschland auch das Kant's und der beginnenden Klassicität, so unendlich viel voraushaben soll vor der Zeit Shakespeare's und Milton's, des age doré, der Descartes, Spinoza, Leibniz. Etwa doch, daß im 18. Jahrhundert die litterarische Bewegung noch viel tiefer eingriff in die staatliche Kultur, als das selbst im 17. in der Heimat des Dichters und Politikers Milton geschah? Gothein allerdings meint, „daß bei allen Trägern unserer Kulturentwickelung die Überzeugung lebendig sei, daß ihre Kunst und Wissenschaft mit dem Staate nichts zu thun habe"; er erklärt aber wenige Zeilen weiter: „Unsere Dichter haben entgegen den französischen ihrer Zeit die Bedeutung eines nationalen Staatswesens und einer ruhmvollen Geschichte erkannt und haben sie gepriesen wie niemand seit den Griechen und Shakespeare"[1]). Ich weiß nicht, wie er diese beiden Urteile vereinbaren will. Das zweite unterschreibe ich durchaus. Wenn er zur Begründung des ersten die Schiller'schen Verse citiert:

> Rühmend darf's der Deutsche sagen,
> Höher darf das Herz ihm schlagen,
> Selbst erschuf er sich den Wert,

so erkenne ich den Wert dieser Verse als rhetorischen Schmuck gern an, aber als historischen Beleg kann ich sie nicht gelten lassen. Schiller's „Deutsche Muse" ist entstanden im engsten Zusammenhang mit jenen Stanzen „an Goethe, als er den Mahomet von Voltaire auf die Bühne brachte", und die Spitze ist nicht gegen die deutschen Fürstenhöfe, sondern gegen die französische Tragödie gerichtet. „Keine willkürliche Hofconvenienz" ist für die deutsche Poesie Gesetz. „Dies ist der alleinige polemische Zug dieser Verse!" So meint der gediegenste Kenner und Verehrer Schiller'scher Dichtung, den wir bis jetzt gehabt haben.

Ich gestehe, es wundert mich, daß Gothein nicht selbst Zweifel aufgestiegen sind, ob die Verse auch wirklich den Sinn haben, den er mit ihnen verbindet. Die „Deutsche Muse" beginnt:

---

[1]) Wenn Gothein zur Illustration dieses Urteils die Parallele zieht: „Es bleibt ewig denkwürdig, daß die größte patriotische Erinnerung der Franzosen im eigenen Volke Voltaire den Stoff zur Pucelle und im fremden Schiller den zur Jungfrau von Orleans gegeben hat", so erscheint mir das verfehlt. Daß man den Patriotismus der französischen Dichtung nicht an Voltaire's Pucelle messen darf, halte ich für ausgemacht. Ich sehe hier nur einen Gegensatz der beiden Dichternaturen. Aber darauf näher einzugehen, würde zu weit führen. In Gothein's Bemerkungen über das 18. Jahrhundert ist kaum ein Satz, den ich ohne Widerspruch lassen könnte. Die Diskussion hier hat aber ihre Grenzen.

> Kein Augustisch Alter blühte,
> Keines Medizäers Güte
> Lächelte der deutschen Kunst.

Konnte Schiller im Jahre 1800 in Weimar so dichten mit der Absicht, etwas gegen die Fürstenhöfe zu sagen, er, der hochsinnigen deutschen Fürsten denn doch nicht wenig zu verdanken hatte? Es ist nicht richtig, wenn Gothein sagt: „Unsere Dichter und Denker haben dem Staate ein freies Geschenk der Huldigung dargebracht; verdient hat er es um sie wahrhaftig nicht." Das ist kein unbefangenes historisches Urteil! Bedeutet denn der weimarische Hof nichts für die Geschichte der deutschen Dichtung? Man hat ja den Einfluß deutscher Kleinstaaterei auf die Entwickelung unserer Bildung manchmal überschätzt, aber bedeutungslos ist er doch wahrlich nicht gewesen. Wem verdanken wir denn das deutsche Schulwesen, wenn nicht staatlicher Gesetzgebung? Haben denn die deutschen Gymnasien und Hochschulen nichts geleistet für die Entwickelung deutschen Geisteslebens? Kann man sich unsere Litteratur seit Leibniz und Thomasius vorstellen ohne sie? Ist die Bezeichnung „aufgeklärter Despotismus" eine inhaltlose Phrase? Es ist wahr, Goethe besuchte kein Gymnasium! Aber kann man ihn von Weimar trennen? Erhielten nicht Klopstock, Lessing, Schiller, minderer zu geschweigen, ihre Vorbildung auf spezifisch staatlichen resp. fürstlichen Anstalten? Gothein erklärt: „Es ist unbestritten, daß die bedeutendsten Dichter und Denker unter den geborenen Preußen sich in schärfste Opposition mit der Gesinnung ihres heimischen Staatswesens gesetzt haben: Klopstock, Winckelmann, Herder." Nun, Klopstock war kein Preuße. Daß Winckelmann für seine Interessen den Boden nicht im preußischen Staatswesen fand, ist so natürlich, als daß Michel Angelo kein Märker war. Und zu wem wäre Herder nicht in Gegensatz geraten! Andererseits soll doch Kant, der doch auch wohl zu den „bedeutendsten Dichtern und Denkern unter den geborenen Preußen" zählt, Zeit seines Lebens keine Nacht außerhalb Königsbergs zugebracht haben. Sind denn die Beziehungen, die zwischen staatlichem Leben und litterarischer und künstlerischer Bethätigung einer Nation bestehen, so aufzufassen, als ob neue Gedanken nur auf staatliche Anordnung oder mit staatlicher Erlaubnis emporkommen könnten oder dürften? Zu einer derartigen Auslegung meiner Auffassung glaube ich auch nicht den allermindesten Anlaß gegeben zu haben. Gothein ruft aus: „Wie entsetzlich öde ist die politische Geschichte Frankreichs im 18. Jahrhundert bis zur Revolution, wie unerschöpflich reich die seiner Kultur!" Ja, wenn man die politische Geschichte ausschließlich als die der geschlossenen Verträge und der geschlagenen Schlachten ansieht! Wer Frankreichs politische Geschichte im 18. Jahrhundert verstehen will, wird wohl sehr tief hineingreifen müssen in seine „Kultur". Wer aber über seine „Kultur" als Ganzes schreiben will, wird völlig in die Irre gehen, wenn er sich nicht bei jedem Schritte gegenwärtig hält, daß die französische Kultur des 18. Jahrhunderts gipfelt in der französischen Revolution. In praxi möchten die Ergebnisse beider Arbeiten nicht allzu verschiedene Gesichter tragen. Oder will Gothein staatliches Leben von der Kultur ausgeschlossen wissen?

Gothein polemisiert gegen die „politischen Historiker", „meistens Preußen freier Wahl", die da meinen, „die Thaten Friedrichs hätten erst dem nationalen Leben Inhalt gegeben; diese erhöhte Freude am Dasein habe eigentlich unsere Kultur geboren u. dgl. m." Ich weiß nicht, ob irgend ein „politischer Historiker" das gesagt hat; ich möchte mir den Nachweis erst liefern lassen. Sollt Gothein Ansichten im Auge haben, die ich an anderer Stelle als in der von ihm bekämpften Rede ausgesprochen habe, so muß ich auch hier wieder gegen Entstellung protestieren. In meiner Schrift „Das neue Deutschland und seine Kaiser" habe ich gesagt: „Unserer Geschichte wieder einen Inhalt zu geben, Thaten, an denen das gesunkene Volksbewußtsein sich wieder aufrichten konnte, hat kein deutsches Staatswesen entfernt so viel beigetragen als das brandenburg-preußische." Das ist doch etwas ganz anderes und schwerlich ernstlich anfechtbar. Übrigens ist Friedrichs direkter Einfluß auf die deutsche Litteratur doch nicht so beschränkt, wie Gothein spöttisch glauben machen will. Das sollte er nicht verschweigen. Wie dem immer, kein unbefangener Beurteiler wird die Bedeutung dieses von Friedrich existenzfähig gemachten Preußens für die weitere Entwickelung deutscher Kultur leugnen können. Auch Gothein findet, daß „mit dem Königsworte Friedrich Wilhelms III., daß der Staat durch geistige Kräfte ersetzen müsse, was er an äußeren verloren, eine neue Epoche eingeleitet sei". Er sagt selbst: „Der Historiker des 19. Jahrhunderts hat in der That vor allem die Pflicht, diese wechselseitige Durchdringung des Staatslebens und des übrigen Kulturlebens zur Anschauung zu bringen." Wunderbar! Und er sollte sie verstehen können, ohne auf ihre Wurzeln zurückzugehen, ohne zu verfolgen, wie sie von Anfang an für einander bestimmt waren, und wie wir als selbständiges Deutschland gar nicht mehr vorhanden sein würden, wenn sie sich nicht gefunden hätten? Der Historiker, der in den Zusammenhang der Dinge eindringt, wird sagen, daß die klassische Kultur unseres 18. Jahrhunderts nicht denkbar ist ohne die Reformation, die sich rein territorial vollzog, und unser heutiger nationaler Bestand nicht ohne jene und das preußische Staatswesen. Wie niemand Frankreichs Kultur im 18. Jahrhundert historisch würdigen kann, wenn er sich nicht vergegenwärtigt, daß die Revolution ihr Kind war, so niemand unsere Kultur jenes Jahrhunderts, ohne zu berücksichtigen, daß ihr endliches Ergebnis das Erstehen eines deutschen Gesamtstaats war. Staatliches Leben und das, was Gothein i m G e g e n s a t z zu jenem „Kultur" nennt, lassen sich nicht trennen; sie sind eins und nur von einem Gesichtspunkt aus historisch zu erfassen. Es thut wohl, daß Gothein unsern glänzendsten politischen Historiker, Treitschke, preist, der ihm dieses Verständnis für das

19. Jahrhundert erschlossen; wir dürfen ja wenigstens hoffen, daß auch frühere Jahrhunderte ihre Treitschke finden werden.

Nun höre ich gegenüber meiner Auffassung den Einwand: Aber unmöglich kann man doch alle Erscheinungen menschlicher Kulturentwickelung in eine Geschichtsdarstellung eingliedern, die als höchsten Zweck ein möglichst tiefes Eindringen in das Verständnis der staatlichen Gliederung der Menschheit verfolgt. Gewiß nicht! Aber eben deswegen behaupten neben der geschichtlichen Betrachtung die religions-, rechts-, litterar-, kunst-, wirtschaftsgeschichtliche ꝛc. ꝛc. ihr volles selbständiges Recht. Keine von ihnen kann bestehen ohne Fühlung mit Nebengebieten; jede wird sich, um ihrer eigenen Aufgabe genügen zu können, besonders ein volles Verständnis der staatlichen Verhältnisse wahren müssen, aber jede hat ihre besonderen Fragen nicht nur, sondern vor allem ihre besonderen leitenden Gesichtspunkte. Gewiß kann es die herrlichsten, die verdienstlichsten Bücher geben, die in keiner dieser Kategorien unterzubringen sind. Wer wollte die unendliche Vielgestaltigkeit menschlichen Lebens beschneiden, der unerschöpflichen Eigenart menschlichen Denkens ihr Recht versagen! Über die Verehrung, die wir dem wahrhaft gottbegnadeten Historiker Gustav Freytag schulden, ist gewiß kein Streit. Aber wenn man eine einheitliche Gesamtauffassung erstrebt, und davon kann hier doch nur die Rede sein, so wird schwerlich jemand nachweisen können, daß irgend eine Institution mehr die Kontinuität menschlicher Kultur zum Ausdruck bringe als der Staat; es giebt keine, deren Beziehungen so tief hinabreichten in alle Äußerungen menschlichen Lebens. Gothein's These, daß alle „Teile menschlicher Gesittung gleich unentbehrlich sind", ist für mich unannehmbar.

S. 33 ff. meiner Rede habe ich kurz anzudeuten versucht, welche Seiten staatlicher Entwickelung der Historiker am festesten ins Auge zu fassen habe. Ich hob hervor, daß „das Wesen des Staates die Macht" sei und „die Mittel sie zu erhalten vor allen

Dingen politischer und militärischer Natur. Daher das Überwiegen dieser Fragen in der historischen Arbeit". Es ist möglich, daß diese Äußerungen Anlaß gaben zu der Auslegung meiner Meinung dahin, daß die eigentliche politische Geschichte allein wahre Geschichte sei. Ich glaube in dem Voraufgehenden dieser Deutung genügend entgegengetreten zu sein. Es war mir auch, als ich jene früheren Worte niederschrieb, vollauf gegenwärtig, daß die Macht eines Staates noch auf anderen Grundlagen beruht als auf Diplomatie und Kriegskunst. Aber auf die Fassung jener Worte hatte doch das Gefühl Einfluß, daß es nicht schaden könne, der Unterschätzung der äußeren Geschichte der Staaten, wie ich sie vielfach zu beobachten glaube, entgegenzutreten. Denn unbestreitbar scheint mir, daß die nächstliegende Aufgabe des Staates ist, seinen Bestand zu sichern. In den meisten Fällen wird seine innere Gestaltung, seine Kulturarbeit, „seine fruchtbare Thätigkeit", wie Gothein sich ausdrückt, im allerinnigsten Zusammenhang stehen mit seiner äußern Machtentfaltung. Diese Wahrheit kann durch gelegentliche Übertreibung der letzteren nicht beeinträchtigt werden. Der äußern Machtentfaltung die genügende Aufmerksamkeit zuzuwenden, hat uns Ranke neuerdings wieder gelehrt. Ich kann auch hier auf Ottokar Lorenz' nähere Ausführungen verweisen.

Einen verhältnismäßig großen Raum (S. 9—23) hatte ich in meiner Rede dem Nachweis gewidmet, daß historiographische Thätigkeit von jeher dem staatlichen, dem politischen Leben mit Interesse gefolgt ist, daß dieses bestimmend gewesen ist für die Entwickelung jener, daß „durch Jahrtausende der Staat, die politische Gemeinschaft, der vornehmste, der beherrschende Gegenstand geschichtlichen Forschens und Denkens gewesen sei". Gothein leugnet auch das. Er gesteht zwar zu, daß „jede neue Richtung ihre Berechtigung nachweisen muß aus der Art, wie sie aus der früheren entstanden", aber er bestreitet, daß staatliche Angelegenheiten in der Geschichtschreibung die Rolle spielen, die ihnen nach meiner — und, soweit ich sehe, so ziemlich nach Aller Meinung, die über historiographische Entwickelung bis jetzt gedacht oder geschrieben haben — zufällt.

Und wie verfährt er dabei? Recht bequem. Er schiebt mit einer leichten Handbewegung alle zeitgenössische Geschichtschreibung beiseite. In seinem Überblick der Geschichtschreibung ist „die zeitgenössische Berichterstattung natürlich immer ausgeschlossen". Nach Gothein haben also für den, der über Entwickelung der Geschichtschreibung sich ein Urteil bilden will, Thucydides und Xenophon, Sallust, Cäsar und Tacitus, Widukind, Wipo oder Lambert, Sleidan, Thouanus oder Buchanan, Gervinus, unsere Generalstabswerke, Herzog Ernst von Coburg oder von Sybel keinerlei Bedeutung. Damit werden die Tausende und aber Tausende von Männern, denen die Ereignisse ihrer Zeit den Griffel der Geschichtschreibung in die Hand gaben, einfach an die Wand gedrückt; mindestens $9/10$, vielleicht $99/100$ der vorhandenen historiographischen Litteratur, gerade die wert- und bedeutungsvollsten Arbeiten überhaupt, sind nach Gothein gleichgültig für den, der ein Urteil aussprechen will über Entwickelung der Geschichtschreibung. Zu berücksichtigen ist nur, was die reine Gelehrsamkeit zu Stande brachte, die beim Schein der Studierlampe, fern von den Dingen sich mit mehr oder weniger Gewissenhaftigkeit und Scharfsinn die Hergänge der Welt zurechtlegte.

Bei einer solchen Auffassung fällt natürlich das ganze Jahrtausend des Mittelalters so gut wie platt zu Boden. Ich hatte mir Mühe gegeben, so knapp wie möglich darzulegen, wie sich in der mittelalterlichen Geschichtschreibung der Gang der staatlichen Entwickelung auf das deutlichste wiederspiegelt: Stammes-, Reichs-, Territorialgeschichte, nach kaiserlichem und päpstlichem Lager geteilte Geschichtslitteratur. Gothein geht das gar nichts an. Er geht vornehm vorüber: „Die Geschichtschreiber des Mittelalters sind nur Berichterstatter über Ereignisse ihrer eigenen Zeit." Wenn er dann unmittelbar den Satz daran schließt: „Deshalb ist auch die Geschichtschreibung immer zu demjenigen Stamme gewandert, der in der Politik der maßgebende war; denn in der Nähe bedeutender Ereignisse kann man am besten von ihnen berichten", so giebt er damit nicht nur die These, gegen die er kämpft, rundweg zu, sondern er macht sich auch eines argen logischen Schnitzers schuldig. Denn die Stämme sind das Gegebene, nicht die Geschichtschreibung, und das eben ist das Bezeichnende, das in Betracht kommt, daß die Geschichtschreibung in ihren ersten Anfängen, in der germanischen Kultur fast ein Jahrtausend hindurch, kaum etwas anderes zu thun weiß, als zu existieren von den politischen Hergängen, in deren Mitte sie steht. Allerdings denn doch nicht ganz in dem Umfange, wie Gothein sich das vorstellt. Denn es ist falsch, wenn Gothein behauptet: „Eine politische Geschichtschreibung der Vergangenheit hat es also in irgend nennenswertem Maße mit Ausnahme der großen Volksgeschichten im Anfang nicht gegeben", und ebenso falsch, wenn er hinzusetzt: „Der einzige Otto von Freising hat den Versuch einer solchen gewagt". Das Mittelalter hat nicht nur Dutzende, sondern Hunderte und aber Hunderte von Universal-, Landes-, Territorial-, Geschlechts- 2c. Geschichten hervorgebracht, die tief in die Vergangenheit, vielfach bis auf den Beginn aller Geschichte überhaupt zurückgehen, und die alle einen politischen Charakter tragen, Kaisertum, Papsttum, die Weltmonarchien, territoriale und andere staatliche Bildungen in den Mittelpunkt ihrer Arbeit stellen. Otto von Freising aber hat in seiner Chronik Weltgeschichte nicht „politisch" geschrieben, sondern philosophisch-theologisch und ist mit d i e s e m „Versuche" in Deutschland der „einzige" geblieben.

Es liegt auf der Hand, wie sich von diesem Standpunkte aus

für Gothein die Dinge weiter verschieben müssen. Als vornehmster Vertreter der Geschichtschreibung der Reformation erscheint ihm nicht Sleidan, sondern Sebastian Frank und Sebastian Münster; für ihn sind Voltaire und Montesquieu die Väter der französischen Geschichtschreibung; „aus England läßt sich neben den beredten Publizisten von Historikern überhaupt nichts nennen"!! „Publizisten" sind eben alle diejenigen, die sich erlauben, über zeitgenössische Dinge zu berichten. Er läßt als nebensächlich beiseite liegen, was sich mit politischen Dingen beschäftigt. Sorgsam liest er die Brocken zusammen, die hier und dort über nichtpolitische Dinge berichtet werden. In ihnen findet er die wahre Geschichte, denn sie enthalten die Keime der sich entwickelnden Kulturgeschichte. Wenn Gothein auf den betreffenden Seiten sich die Aufgabe gestellt hätte nachzuweisen, wie die „Kulturgeschichte" allmählich erwachsen ist, so wäre ein derartiges Verfahren das richtige gewesen, aber da er sich die Aufgabe stellte, die Resultate meiner Untersuchung, was denn eigentlich bislang die Geschichtschreibung wesentlich beschäftigt habe, als unrichtig zu erweisen, so mußte er mir auf meinen Boden folgen, und das von ihm eingeschlagene Verfahren war unzulässig. Ich kann in seinen Bemerkungen nicht den Versuch einer Widerlegung, sondern nur eine Parodie meiner Betrachtungen erblicken.

Und als eine solche Parodie erscheint mir nun auch, wenn er mir die Behauptung entgegenwirft: „In den kleinen Staaten, unter dürftigen Verhältnissen entwickelt sich bei uns die politische Geschichtschreibung." Was er als Beleg anführt: Johannes Müller's „Geschichten der Schweizer", des Frankfurter Olenschlager's Arbeiten zur deutschen Reichs- und Staatsgeschichte, Spittler's württembergische und hannoversche, Justus Möser's osnabrückische Geschichte sind ja ebenso viele schlagende Beweise für meine These, daß es der Staat ist, der in erster Linie den Geschichtschreiber anzieht. Wer hat denn die Bedeutung auch der kleineren Territorien für die Entwickelung der Geschichtschreibung geleugnet? Ich habe sie an mehreren Stellen meiner Rede auf das entschiedenste betont. Und Gothein trägt ja geradezu neue Bausteine herbei, die ich der Kürze wegen hatte beiseite liegen lassen, um meine Behauptung zu stützen. Ist es denn etwa ein Zufall, daß die vier Historiker, die er anführt, sämtlich aus den wenigen Gebieten deutscher Zunge stammen, in denen im vorigen Jahrhundert überhaupt noch ein Verfassungs-, ein inneres politisches Leben vorhanden war: aus der Eidgenossenschaft, der freien Reichsstadt, dem Württemberger Herzogtum und dem „verbohrten" Osnabrück. „Die Tretmühle württembergischer Kanzleistreitigkeiten", die nach Gothein „Spittler die vollendete Kunst diplomatischer Schilderung gab", war doch dieselbe, sogar damals noch etwas lebendigere, die Uhland jene Verse eingab, welche verdienen nicht in Vergessenheit zu geraten:

> Noch ist kein Fürst so hoch gefürstet,
> So auserwählt kein ird'scher Mann,
> Daß, wenn die Welt nach Freiheit dürstet,
> Er sie mit Freiheit tränken kann,
> Daß er allein in seinen Händen
> Den Reichtum alles Rechtes hält,
> Um an die Völker auszuspenden
> So viel, so wenig ihm gefällt.

Also politische Arbeit, politische Anregungen, auch bei den Männern, die Gothein zur Stütze seiner Ansichten heranzuziehen für gut hält.

Es ist auch für diese Partie von Gothein's Schrift unmöglich, alle Einzelheiten zu erörtern. Da ist nicht ein Satz, der nicht an sich oder durch die Verbindung, in die er gerückt ist, zum schärfsten Widerspruche herausforderte. Nur noch ein Wort über Schiller und Möser! Nach Gothein „bedurfte es des Genius Schiller's, um dem ganzen deutschen Volke die politische Geschichte zur Herzenssache zu machen". Die Behauptung ist nach meiner Meinung durchaus verfehlt; soweit Geschichte dem „ganzen deutschen Volke" vor Schiller überhaupt „Herzenssache" war, war es gewiß die politische Geschichte, keine andere. Aber gleichviel! Schiller schreibt also doch auch „politische" Geschichte. Nun findet Gothein, daß Schiller in seiner Antrittsrede „jeden nationalen Standpunkt in der Auffassung der Vergangenheit verleugnet habe". Wohl, jeden nationalen, das will sagen national-deutschen Standpunkt in unserem heutigen Sinne. Wie konnte er 1790 einen solchen haben? Aber hat er nicht seinen festen politischen? Verlangt er nicht, daß bei der Auswahl des Stoffes, bei „der Sammlung der Materialien", vor allem „auf das Verhältnis eines historischen Datums zu der heutigen Weltverfassung gesehen werde"? Allerdings meint er mit der „heutigen Weltverfassung" die seines „menschlichen Jahrhunderts". Er findet in eben dieser Rede, daß „das Schattenbild des römischen Imperators, das sich jenseit der Apenninen erhalten, der Welt jetzt unendlich mehr Gutes leiste, als sein schreckhaftes Urbild im alten Rom, denn es halte ein nützliches Staatssystem durch Eintracht zusammen". Schiller's politischer Standpunkt war eben ein kosmopolitischer, wie er sich in der Glanzzeit der Menschenrechte und der Kleinstaaterei bei einem deutschen Idealisten fast mit Notwendigkeit entwickeln mußte. Wenn Gothein fragt, ob „ein einziges seiner Werke eine Beziehung habe zur Politik, zur nationalen Entwickelung, die sich in seinen eigenen Lebenstagen vorbereitete", so vergißt er, daß die „Vorbereitung unserer nationalen Entwickelung", soweit sie sich noch zu Schiller's Lebzeiten vollzog, zwar die Elemente geliefert hatte, aus denen das nächste Jahrhundert den deutschen Staat erbauen sollte, daß aber ein politischer Seherblick dazu gehört hätte, wie ihn keiner gehabt hat, um damals schon den Weg zu erkennen, auf dem das Ziel erreicht werden sollte[1]). Daß selbst in jenen

---

1) Thatsächlich ist noch nicht 10 Jahre nach Schiller's Tode aus eben diesem Kreise zum ersten Male das Programm aufgetaucht: Einigung Deutschlands unter Führung von Preußen mit Ausschluß von Österreich!

kosmopolitischen Tagen der Idealist Schiller nur politische Geschichte schrieb, daß sein „Meisterwerk" den Kampf eines freigesinnten Volkes um ein selbständiges Staatswesen darstellt, daß in seinen historischen Dramen keine andere sittliche Idee stärker hervortritt als die des Vaterlandes, das sind Thatsachen, die ebenso viele redende Beweise sind dafür, daß geschichtliches Denken und Empfinden ihre Nahrung ziehen aus den Ideen von Staat und Volk, und daß keine anderen höheren Kulturwert für die Menschheit besitzen.

Und nun der Realist Justus Möser! Ich hatte von ihm den Ausspruch angeführt, daß „unser historischer Stil in dem Verhältnisse sich gebessert habe, als sich der preußische Name ausgezeichnet und uns unsere eigene Geschichte wichtiger und werter gemacht habe". Gothein fügt hinzu: „J. Möser's eigene Überzeugungen sind jedenfalls nicht durch Hoffnungen auf Preußen geformt worden." Wer hat denn das behauptet? Gothein findet, daß bei Möser „überall der kulturgeschichtliche Gesichtspunkt entscheide". Wirklich? Bei Möser? Bei dem Manne, der überall nur den Staat als Gegenstand der Geschichtschreibung gelten lassen wollte, der im Menschen nur den Bürger ehrte, bei ihm, der Luther feierte als Begründer des modernen Staats, bei dem Gegner der Voltaire'schen Geschichtschreibung, die Gothein als epochemachend für Frankreich erscheint! Wie spricht sich denn Möser aus über das, was Gothein immer als das Kulturgeschichtliche erscheint, will sagen: das Nichtpolitische? Er ist der Meinung, „der Geschichtschreiber solle allemal so viel von der Geschichte der Künste und Wissenschaften mitnehmen, als er gebrauche, von den Veränderungen der Staatsmoden Rechenschaft zu geben"! Heißt das, daß „der kulturgeschichtliche Gesichtspunkt entscheide"? Gothein spricht an anderer Stelle von Justus Möser's „genialen Werken, die die Schicksale des deutschen Vaterlandes an denen einer Landschaft aufwiesen, die zuerst die Einheit von politischer und Kulturgeschichte aufstellten". Das unterschreibe ich, denn das ist genau mein Standpunkt: politische und Kulturgeschichte sind im Wesentlichen eins und können nicht getrennt werden. „Es scheint mir keinem Zweifel unterworfen, daß ein Gegensatz, wie man ihn zwischen Geschichte und Kulturgeschichte zu finden versucht, in Wirklichkeit nicht besteht" (S. 26 meiner Rede).

Es ist erstaunlich, welchen Eifer und welches Geschick Gothein entwickelt, um seinen Gegner so zurechtzumachen, daß er ihn energisch bekämpfen kann. An keiner Stelle meiner Rede habe ich gesagt, daß der Historiker sich ausschließlich mit der rein politischen Geschichte zu beschäftigen habe; im Gegenteil, ich habe wiederholt darauf hingewiesen, daß das Verständniß staatlicher Entwickelung die Beachtung der gesamten menschlichen Kultur unerläßlich erfordere, daß „auch das Kleinste von Bedeutung werden könne". Hilft nichts, der Kulturfeind wird verbrannt! Gothein stellt alles rein Politische auf die eine Seite, alles Nichtpolitische auf die andere, nennt das letztere Kulturgeschichte und erklärt: dort ist Schäfer, hier bin ich. Am unerklärlichsten wird mir sein fester Glaube an den geträumten Gegner gerade in der Partie über die Entwickelung der Geschichtschreibung.

Möglicherweise sind einzelne Sätze Schuld, die Gothein allein, nicht im Zusammenhang, ins Auge faßte. Ich kann ihm überhaupt den Vorwurf nicht ersparen, daß er dem Zusammenhang meiner Rede, ihrer leitenden „Idee" eine genügende Beachtung nicht geschenkt hat. Jedenfalls verfährt er auch hier arg leichtfertig in der Wiedergabe meiner Ansichten. Davon nur noch ein Beispiel. S. 30 sagt Gothein: „Schäfer ist der Ansicht, daß alsbald [nämlich in der Renaissancezeit] sich jene Gliederung herausgestellt habe, wie er sie noch in der Gegenwart festgehalten wissen will." Nirgends habe ich etwas derartiges gesagt. S. 18 sage ich: „Hier weht ein durchaus humanistischer Geist. Und dieser macht sich vor allen Dingen nun darin bemerkbar, daß ein lebhaftes Interesse erwacht für die geiſtige Kultur der Vergangenheit. Der Blick des Geſchichtſchreibers erweitert ſich; ein Gebiet, dem man bisher nur dürftige Notizen gewidmet, wird jetzt umfaſſend angebaut; auch bleibt der Zuſammenhang des litterariſchen und künſtleriſchen Lebens mit den Fragen der Zeit dem Auge nicht verborgen." Dann S. 26: „Es konnte ſchon bemerkt werden, wie im Zeitalter des Humanismus und der Reformation geſchichtliche Arbeit eine weſentliche Erweiterung dadurch erfuhr, daß ſie litterariſches Leben in den Kreis ihrer Betrachtung zog. Eben jene Zeit ſah dann die Kirchengeſchichte in voller Selbſtändigkeit erſtehen." Es ſind Stellen, die zugleich zeigen können, daß in meiner Rede nicht der ganz einſeitige politiſche Hiſtoriker das Wort führt, zu dem Gothein mich durchaus ſtempeln möchte. Und dieſe Stellen ſind für Gothein Anlaß, mir die citierte Anſicht unterzuſchieben und natürlich ſie dann tapfer zu widerlegen: „Auch hierin irrt Schäfer" 2c. Gothein's Polemik iſt eine „vornehme" genannt worden. Gewiß iſt ſie höflich und in der Form ſtets verbindlich, aber in der Arbeitsweiſe offenbart ſie einen Mangel an Präciſion und Exaktheit, der glücklicherweiſe bei Hiſtorikern denn doch zu den Ausnahmen gehört. Gothein hat ſich offenbar bei der kurſoriſchen Lektüre meiner Rede unſympathiſch berührt gefühlt; der allgemeine ſo hervorgerufene Eindruck von meinen Anſchauungen hat ſich ihm dann bei der Darlegung ſeiner eigenen Anſichten noch mehr verſchoben, und ſo entſtand dieſe Schrift, die als polemiſche nicht am Platze iſt, da ſie ganz überwiegend gegen einen eingebildeten Gegner kämpft, die aber ein Intereſſe beanſpruchen kann als Darlegung von Gothein's Vorſtellungen von geſchriebener oder noch zu ſchreibender Kulturgeſchichte.

Was iſt Kulturgeſchichte? In der Beantwortung dieſer Frage gehen Gothein und ich auseinander.

Gothein erhebt gegen mich im Namen der Kulturgeschichte (S. 5) denselben Vorwurf, den ich ihm bislang fast ununterbrochen zu machen hatte, daß „ich den Feind suche, wo er nicht ist", daß ich „mir ein Scheingebilde als vorgeblichen Gegner zurechtmache", daß ich als „typisch" für die Kulturgeschichtschreibung ein Werk anführe, in dem ein ganzer Band der Geschichte des skandinavischen Hauses gewidmet ist.

Ich hatte als auf eine Ausartung kulturgeschichtlicher Thätigkeit hingewiesen auf Troels Lund's dänisch-norwegische Geschichte im 16. Jahrhundert, die in 10 Bänden noch nicht über das „innere Leben" hinausgekommen ist und im letzten wieder 400 Seiten den „Vorbereitungen zur Hochzeit" widmet. Ich hatte ausdrücklich hinzugefügt, daß unsere deutsche Litteratur bis jetzt von derartigen Ausschreitungen freigeblieben wäre. Gothein setzt dem entgegen, daß der deutsche Gebildete, wenn er von Kulturgeschichte spricht, nicht an den Hausbau der Norweger (sollte heißen: Dänen) denkt, sondern an „Schlosser und sein Bild von der geistigen Entwickelung unseres Volkes im vorigen Jahrhundert". Mir scheint diese Behauptung hinfällig. Der gebildete Deutsche mit tieferer Grundlage wird bei dem Worte Kulturgeschichte zunächst an Riehl, Hehn, vielleicht noch an Freytag denken, die große Masse unserer Gebildeten aber weder an diese, noch an Schlosser oder Burckhardt oder gar Ranke, die Gothein unter die Kulturhistoriker einreiht, sondern an Dinge, die dem „Hausbau der Dänen" denn doch nicht so gar fern liegen. Und diese meine Behauptung läßt sich erweisen, was Gothein mit der seinigen schwer fallen wird.

Friedrich Jodl hat uns vor 13 Jahren mit einem dankenswerten Schriftchen beschenkt: „Die Kulturgeschichtschreibung, ihre Entwickelung und ihr Problem". Er giebt auf fast 100 Seiten eine Übersicht dessen, was auf diesem Gebiete geleistet ist. Nun, Jodl hält es nicht für nötig, Schlosser's Namen zu nennen, nennt überhaupt nicht einen einzigen jener Männer, die Gothein als

Kulturhistoriker feiert. Ich hatte doch wohl nicht so ganz unrecht, wenn ich in meiner Rede (S. 8) bemerkte, daß „sich mit dem Worte Kulturgeschichte ein fest umgrenzter Begriff nicht leicht verbinden lasse". Denn wie wäre es sonst möglich, daß zwei ernste und unterrichtete Leute, die beide über Kulturgeschichte schreiben, nicht einen einzigen Autor dieser Richtung gemeinsam nennen? Jodl bespricht Wilhelm Wachsmuth, Klemm, Kolb, Hellwald, Henne am Rhyn, Guizot, Buckle ꝛc. ꝛc., jene bekannten Werke, die es wesentlich auf das Zuständliche der Zeiten und daneben auf ein Vordrängen des nichtpolitischen Materials abgesehen haben, die einzeln ihre Aufgabe auch noch darin finden, die Dinge von einem bestimmten, aus diesen selbst nicht entnommenen Gesichtspunkte anzusehen, wie etwa Hellwald von seiner materialistischen Weltanschauung aus. Gothein will die „bloßen Zustandsbilder" nicht als Kulturgeschichte gelten lassen. Aber man bannt den Teufel nicht, indem man ihn leugnet. Es ist gar keinem Zweifel unterworfen, daß Jodl's Auffassung von Kulturgeschichte der überlieferten, allgemein gangbaren unendlich viel näher steht als die Gothein's, die er sich zurechtmacht für seinen Gebrauch. Das Verlangen nach Kulturgeschichte erwuchs bekanntlich im vorigen Jahrhundert im Gegensatz zur rein politischen Geschichte, zu den „Haupt- und Staatsactionen", wie sie in der Zeit der absoluten Fürstengewalt noch mehr in den Vordergrund getreten waren als zuvor. Auch hier der innigste Zusammenhang zwischen historiographischer und staatlicher Entwickelung! Der Umwandlung der absoluten in die beschränkte Monarchie geht das Eindringen der „kulturgeschichtlichen" Elemente in die herrschende Geschichtschreibung parallel. Zunächst handelte es sich nur um Aufnahme nicht direkt politischer Daten in die übliche Geschichtsüberlieferung; erst spät, eigentlich erst tief in unserm Jahrhundert ward eine besondere Stellung für die „Kulturgeschichte" erstrebt. Immer aber bleibt ihr durchschlagendes Kennzeichen das, daß sie das Nichtpolitische in der Geschichte als ihr eigentliches Gebiet ansieht. Auch Gothein läßt sich durch den allergrößten Teil seiner Schrift ausschließlich von dieser Vorstellung leiten, trotzdem er seine Auseinandersetzungen mit der bestimmten Erklärung beginnt, daß die Kulturgeschichte die politische mit umfasse, sie sich „ein- und unterordne". Er stellt politische und Kulturgeschichte fast durchweg einander gegenüber, sieht überall Kulturgeschichte, wo von Dingen berichtet wird, die nicht unmittelbar politisch sind. Daher kann er die wunderbare Frage aufwerfen, ob Ranke's Geschichte der Päpste und gar seine Deutsche Geschichte im Zeitalter der Reformation politische oder Kulturgeschichte seien. Es gelangt eben in ihm, fast möchte man sagen mit elementarer Gewalt, die populäre Stimmung zum Ausdruck, die mit der Forderung „Kulturgeschichte" gleichsam Protest erhebt gegen das Überwuchern des rein Politischen in der Geschichte. Wer an dem Vorhandensein einer solchen Stimmung zweifeln möchte, der könnte gerade in Gothein's Auftreten ihr Vorhandensein bestätigt finden.

Und nun entsteht doch naturgemäß die Frage nach der Ursache, nach der Berechtigung einer solchen Stimmung. Wer könnte leugnen, daß der Ruf nach Erweiterung des geschichtlichen Arbeitsgebiets, nach Erforschung der geschichtlichen Zusammenhänge über den engen Kreis der Reichs- und Staats-, der Haus- und Fürstenhistorie hinaus seine volle Berechtigung hatte und in der Gesamtheit der großen geistigen Bewegung des vorigen Jahrhunderts auch die Geschichtschreibung mächtig förderte? Aber wenn heute noch der Ruf nach „Kulturgeschichte" in dem herkömmlichen und — Gothein inbegriffen — allgemein üblichen Sinne als wissenschaftliche Forderung an die Geschichtschreibung ertönt, so macht das auf mich den Eindruck, als wollte man noch heutigen Tages unter der Losung Menschenrechte, Freiheit, Gleichheit, Brüderlichkeit politische Ansprüche verfechten. Denn soweit ich sehe, sind die wesentlichen Forderungen der Humanitätszeit an die Geschichtschreibung entweder erfüllt oder auf dem besten Wege, ohne alles weitere Drängen erfüllt zu werden.

Seit Möser und Schlözer kann sich keiner mehr Geschichtschreiber nennen, der nicht auch anderen als den rein politischen Seiten menschlicher Kultur seine Aufmerksamkeit zuwendet. Ich habe nichts dagegen, wenn man Schlosser um den Durchbruch dieser Erkenntnis ein großes Verdienst zuschreiben will. Aber hoch über ihm steht auf diesem Felde sein jüngerer Zeitgenosse Leopold von Ranke. Er ist der Meister tieferer Geschichtsauffassung, einer Geschichtsauffassung, welche die Fäden nach allen Seiten hin verfolgt, ihre Verknüpfung erkennt und aufdeckt, doch aber immer wieder zeigt, wie sie alle zusammenlaufen in der Errungenschaft menschlicher Kultur, die das eigentliche Objekt historischer Arbeit stets war und stets bleiben wird, weil sie das Herz aller Kultur ist, dem Staat. Seit Ranke wird niemand mehr wähnen können, Geschichtschreiberpflichten genügt zu haben, wenn er nicht staatlichem Leben nachging bis in seine feinsten Verzweigungen, und thut er das, so wird er kaum eine Seite menschlicher Kultur als völlig gleichgiltig übergehen. Es ist ja sicher, daß mit Ranke nicht in jeder Beziehung das Höchste erreicht ist. Die verschiedensten Wissensgebiete tragen Material in Fülle herbei, und von Jahrzehnt zu Jahrzehnt sind uns tiefere Einblicke gestattet in den Zusammenhang der Dinge. Gern mag wirtschaftsgeschichtlicher Arbeit hier ein besonderes Verdienst zukommen. Aber die Bahnen sind gewiesen. Für absehbare Zeiten kann es sich nur darum handeln, ihnen zu folgen und das Ziel nicht aus den Augen zu verlieren.

Und bei der Lösung dieser Aufgabe erscheinen mir nun als eine Störung die Ansprüche, die unter dem Rufe „Kulturgeschichte" erhoben werden. Ich meine die Kulturgeschichte, die in Werken vor uns liegt, zunächst nicht die, welche Gothein erstrebt. Wie hat sich denn diese „Kulturgeschichte", eben die von Jobl geschilderte, entwickelt im Zeitalter Ranke's, fast möchte man sagen unter seinen Augen? Es ist doch so, daß ihre frühesten Werke verhältnismäßig die bedeutendsten waren. Man braucht nur die Arbeiten des überaus gelehrten, unendlich belesenen Wachsmuth mit den Bänden Henne am Rhyn's zu vergleichen, um zu erkennen, wie sehr die allgemeinen Kulturgeschichten in ihrem Arbeitsbetriebe zurückgegangen sind. Die Fühlung mit den Ergebnissen wissenschaftlicher Forschung ist eine sehr viel losere geworden. Dabei sind sie über die rein äußerliche, fast möchte man sagen synchronistische Zusammenstellung, über das „bloße Zustandsbild" kaum hinausgekommen. Auch in Werken, die durch respektable Gelehrsamkeit eine gewisse Achtung abnötigen, wie etwa Honegger's „Grundsteinen einer allgemeinen Kulturgeschichte der Neuesten Zeit", vermißt man schmerzlich die zusammenhaltenden, durchgreifenden Gedanken, die Ideen. Es sind „Grundsteine", an die aber schwerlich ein anderer Bauherr als der erste Unternehmer wieder die Hand legen wird. Die Versuche, in derartigen Werken die angebliche Geschichte der „Menschheit" in philosophische oder politische Systeme einzuordnen, können doch erst recht nicht als ein Fortschritt betrachtet werden. Und trotzdem vernehmen wir immer wieder das Schlagwort „Kulturgeschichte" — und zwar in dem Sinne, von dem hier die Rede ist — als angebliche Heilsbotschaft einer neuen Ära der Geschichtschreibung. Der buchhändlerische Unternehmungsgeist, der in unserer Zeit ja mehr und mehr seine Thätigkeit über Verlag und Vertrieb hinaus auf das Entwerfen wissenschaftlicher Pläne erstreckt, läßt sich auch diesen Tummelplatz der Popularität nicht entgehen und ist mit den für populäre Litteratur allmählich unumgänglich gewordenen Illustrationen zur Hand. Wer sich diese Thatsachen vergegenwärtigt, wer beobachtet, was alles unter der kulturgeschichtlichen Flagge dahersegelt, von Antiquariatskatalogen bis zu Weltgeschichten und vom wandernden Schuldemonstranten bis zu Universitätsvorlesungen hinauf, wem einmal durch einige Jahre die lehrreiche Pflicht obgelegen hat, der Thätigkeit und speziell den Publikationen der etwa 200 historischen und verwandten Vereine Deutschlands eine nähere Aufmerksamkeit zu widmen, gegen den wird man, wenn er das Bedürfnis empfindet, dieser breiten, behaglichen Strömung gegenüber eine ablehnende Stellung einzunehmen, denn doch nicht den Vorwurf erheben können, daß er „sich ein Scheingebilde als angeblichen Gegner zurechtmache", daß „er den Feind suche, wo er nicht sei", wird diesen Vorwurf auch nicht erheben können, wenn der Betreffende zur Illustration ein abschreckendes Beispiel heranzieht, das glücklicherweise bis jetzt — wenigstens, soweit mir bekannt — einzig in seiner Art ist. Auch Gothein gesteht ja zu, daß „allerhand Unberufene für ihren Tröbel durch das gute Wort Kulturgeschichte ein günstiges Vorurteil erwecken wollen". Ernst Bernheim erkennt in seiner Besprechung an (Deutsche Litteraturzeitung 1889, S. 1610), daß „die einseitige Überschätzung kulturgeschichtlicher Interessen jetzt vielbeliebt ist", und das Korrespondenzblatt der Westdeutschen Zeitschrift meint: „Mit Recht macht Schäfer Front gegen den neuerdings noch immer mehr überhandnehmenden, übrigens meines Erachtens ungefährlichen kulturgeschichtlichen bric-à-brac-Unfug". Nun, ob derselbe so ganz ungefährlich ist, darüber können die Ansichten verschieden sein.

Meine ablehnende Haltung hatte ich nun aber (S. 23 ff.) dahin zusammengefaßt, daß die Aufgaben der wahren Kulturgeschichte sich nicht wesentlich unterscheiden können von jener der Geschichte überhaupt, daß sie „nur gelöst werden können, wenn staatliches Leben festgehalten wird als Mittelpunkt historischer Forschung und in seinem tief und tiefer bringenden Verständnis Aufklärung gesucht wird über die Entwickelung menschlicher Kultur überhaupt", daß „geschichtliche Forschung, indem sie der Entwickelung menschlicher Gesittung und Bildung zu folgen suche, in erster Linie ihren Blick zu richten habe auf das Verhältnis des Menschen zum Staat", endlich „daß es auf irrigen oder unklaren Voraussetzungen oder geradezu auf Unkenntnis des Standes geschichtlicher Arbeit beruhe, wenn man glaube, unter der Losung „Kulturgeschichte" neue Forderungen von Belang an sie stellen zu können". Diesen Erklärungen entgegenzutreten, ist die eigentliche Tendenz der Gothein'schen Schrift, und wenn er in zahlreichen Einzelheiten und in mehreren allgemeinen Fragen einen völlig eingebildeten oder zurechtgemachten Gegner bekämpft, so hat er in dieser Frage wirklich einen solchen leibhaftig vor sich. Und er hat auch noch die Freude, wenigstens in der Verneinung der von mir aufgestellten Meinung und in der Bejahung einer selbständigen Kulturgeschichte einen Mann neben sich zu sehen von gewichtigstem Namen in solchen Fragen, Ernst Bernheim.

Bernheim fügt, indem er der Kulturgeschichte eine selbständige Stellung zu wahren sucht (Dtsch. Littztg., 1889, S. 1610), die Bemerkung hinzu: „Wie man auch Kulturgeschichte näher definieren möge". Die Worte sind charakteristisch im Munde eines unserer ersten lebenden Methodiker; sie offenbaren deutlich, welche Verwirrung hier in der Theorie herrscht. Bernheim selbst unterscheidet zwei Arten der Kulturgeschichte, eine allgemeine und eine spezielle, Kulturgeschichte im weiteren und im engeren Sinne. Der letzteren stellt er die politische Geschichte gegenüber, auf der einen Seite vorwiegend die private, auf der anderen die öffentliche Bethätigung des Menschen; es ist die Auffassung, die seit einem Jahrhundert die landesübliche, heute die allgemein gebräuchliche ist. Ihr gegenüber glaube ich meine Stellung genügend gekennzeichnet zu haben; mir erscheint es durchaus unzulässig, von Kultur zu reden, wenn man den Staat ausschließt. Name und Auffassung hatten eine gewisse Berechtigung, indem sie die Geschichte hinwiesen auf die Notwendigkeit, ihre Aufgaben tiefer zu fassen, aber eine dauernde Trennung der Staatengeschichte auf der einen, alles Nichtpolitischen auf der andern Seite erscheint mir als ein Hohn auf jeden Versuch, die Entwickelung menschlicher Kultur geschichtlich zu verstehen. Bernheim selbst protestiert auch gegen eine solche Trennung, und nachdem er anfänglich politische und Kulturgeschichte als zwei Arten der Geschichtschreibung unterschieden, bemerkt er doch nachher wieder, daß sie „grundsätzlich nicht verschieden seien". Den „Versuch einer doch schwerlich genügenden Definition" unterläßt er vollständig. Seine Beispiele zeigen, daß er sich in praxi die eine ohne die andere nicht denken kann.

Die Kulturgeschichte im weiteren Sinne faßt Bernheim als „die Geschichte der Menschen in ihren Bethätigungen als sociale Wesen zu allen Zeiten und an allen Orten im einheitlichen Zusammenhang der Entwickelung", was man sonst auch Universalgeschichte, auch Weltgeschichte nenne. Der Auffassung liegt die Vorstellung zu Grunde, daß es eine Geschichte der Menschheit in zusammenhängender Entwickelung gebe. Aber diese Vorstellung scheint mir mit den überlieferten Thatsachen in unlösbarem Widerspruch zu stehen. Seit Schlözer und Schlosser ist es üblich geworden, von einer Universal-, in etwas engerem Sinne von einer Weltgeschichte zu reden, welche die Entwickelung der gesamten Menschheit vorzuführen habe; aber ich kann in Schlözer's bekannter Bemerkung, daß „die Universalgeschichte ihre Neugier so gut am Hoangho und Nil, als an der Tiber und Weichsel weide", nichts erblicken als wohlklingende, doch inhaltsleere Worte. In Wahrheit kann von zusammenhängender geschichtlicher Entwickelung nur bei demjenigen Bruchteil der Menschheit die Rede sein, der seit 4 oder 5 Jahrtausenden in den sogenannten orientalisch-abendländischen Gebieten seinen Sitz gehabt, in den letzten Jahrhunderten seine Kultur nach Amerika und Australien verpflanzt und mehr oder weniger sporadisch seinen Einfluß auch über die übrige Erde verbreitet hat. Durch Jahrtausende war das der Zahl wie dem Umfange der Wohnsitze nach nur ein geringer Bruchteil der gesamten Menschheit, und auch dieser ging in seiner geschichtlichen Entwickelung vielfach noch auf lange Zeiträume ohne erkennbare Berührung auseinander. Was durch ungemessene Zeiten hindurch die Entwickelung der Chinesen, Japanesen, Mexikaner, Peruaner mit der orientalisch-abendländischen Geschichte zu thun hat, ist mir vollkommen unerfindlich. Thatsächlich verfahren auch unsere heutigen Universal- und Weltgeschichten durchweg noch nach dem Schlosser'schen Rezepte für Indien: „Über die eigentliche Geschichte können wir uns begnügen hinwegzuschlüpfen." Die Gegenwart, welche die Bedeutung von Raum und Zeit in so unerhörtem Maße beschränkt hat, mag vielleicht der Ausgangspunkt einer neuen Entwickelungsphase sein; man kann ja mit einem gewissen Rechte behaupten, daß heutigen Tages fast die gesamte Erde von tiefer eingreifenden Geschicken größerer Kulturvölker mehr oder weniger mitbetroffen wird. Vielleicht wird es also in Zukunft eine allgemeine Menschheitsgeschichte „im einheitlichen Zusammenhang der Entwickelung" geben; bislang konnte man von einer solchen nicht reden. Ich kann in dieser Frage gegenüber Bernheim durchaus nur den Standpunkt von Ottokar Lorenz einnehmen und bin der Meinung, daß sich dieser mit vollem Recht auf Ranke beruft; denn Ranke's Bemerkung in der Einleitung zu seiner Weltgeschichte: „Nun ist es aber klar, daß die Nationen in keinem anderen Zusammenhang in Betracht kommen können, als inwiefern sie, die eine auf die andere wirkend, nacheinander erscheinen und mit einander eine lebendige Gesamtheit ausmachen", ist völlig unzweideutig und wird überdies durch den Gang der Ranke'schen Darstellung in ihrem Sinne unerschütterlich festgelegt [1]). Mit der Möglichkeit einer Universalgeschichte als zusammenhängender allgemeiner Menschheitsgeschichte scheint mir aber die Möglichkeit einer allgemeinen Kulturgeschichte (Kulturgeschichte im weiteren Sinne) zu stehen und zu fallen.

---

1) Wenn Bernheim, Lehrbuch d. histor. Methode S. 41, gegen Lorenz Ranke's Vorrede zur Weltgeschichte S. X citiert: „Die Werke des Genius in Poesie, Litteratur, Wissenschaft und Kunst, die, unter lokalen Bedingungen entstanden, doch das allgemein Menschliche repräsentieren", so glaube ich als das „allgemein Menschliche" auch nur die gemeinsamen geistigen Interessen ansehen zu können, die in den von Ranke herangezogenen Kulturvölkern hervortreten. Etwas wirklich allgemein Menschliches giebt es auch für diese Kulturgebiete nicht.

Nun hat man aber auch eine „Geschichte der Menschheit" auf ganz anderem Wege erstrebt und sich die Entwickelung menschlicher Kultur in ganz anderer Weise näher zu bringen gesucht. Während geschichtliche Betrachtungsweise den Menschen stets nur als sociales Wesen erfaßt, kann man doch, seine Entwickelung zu verstehen, ihn auch als Individuum betrachten. Man kann von seinen natürlichen, körperlichen wie geistigen Eigenschaften ausgehen und seine Ausgestaltung zu einem Wesen, das höherer und höchster Lebensformen bedarf, das zu seinem Dasein auf Hunderte von Beziehungen zu seinen Mitmenschen angewiesen ist, von Stufe zu Stufe verfolgen. Anatomie, Physiologie, Anthropologie werden zunächst den Begriff Mensch festzustellen, Ethnographie, Ethnologie, Sprachforschung weiter eine Hauptarbeit zu verrichten haben. Die Resultate geschichtlicher Forschung wird, wer derartige Ziele verfolgt, vielfach als erwünschte Bausteine mit Freuden begrüßen, aber geschichtslose Völker, wie Pescherähs, Aïnos, Australneger ꝛc., und wieder andere, die bestimmte Kulturstufen zur Anschauung bringen, für den Historiker aber ohne Belang sind, werden ihm kaum minder wertvoll sein. Spekulatives Denken wird ihn auf seinem Arbeitsweg stets begleiten müssen. Wer dürfte wagen, die Resultate solcher Bemühungen als gleichgültig zu bezeichnen? Welcher Historiker, der es mit seiner Aufgabe gewissenhaft nimmt, hätte nicht schon aus der reichen Fundgrube von Theodor Waitz' Anthropologie Belehrung geschöpft? Zweifellos sind die Ethnologie, die Völkerpsychologie zukunftsreiche Wissenschaften. Aber wird man die Versuche, auf diesem Wege Licht zu bringen in die Entwickelung des menschlichen Geschlechts, als geschichtliche Arbeit bezeichnen können? Julius Lippert hat uns in seiner „Kulturgeschichte der Menschheit in ihrem organischen Aufbau" ein treffliches, auf diese Weise gearbeitetes, an Anregung und Belehrung auch für den Historiker reiches Werk geliefert. Er hat die Arbeit als „Kulturgeschichte" betitelt. Da der Name doch einmal in allen möglichen Bedeutungen gebraucht wird, so mag er auch hier seinen Platz haben, aber daß in dieser „Kulturgeschichte" Geschichte geschrieben sei, das wird doch niemand im Ernste behaupten können. Der Historiker faßt in erster Linie den Menschen als Persönlichkeit, nicht als Vertreter seiner Gattung, er hat vor allen Dingen die freien Handlungen im Auge, die den Einzelnen aus seiner Umgebung herausheben, ihn zum Führer oder zum Gegner dieser machen. Er darf die Gesamtheit nicht übersehen, denn er würde die Einzelnen nicht verstehen, wenn er jene nicht ins Auge faßte, aber geschichtliche That ersteht im allgemeinen erst da, wo die Einzelhandlung sich abhebt aus der Gleichförmigkeit der Masse. Solange Völker ein Herdenleben führen, sind sie selten ein Vorwurf der Geschichte, so wertvoll die Kenntnis ihrer Zustände für den Ethnologen und Anthropologen auch sein mag. Kulturgeschichte dieser Richtung hat sich losgelöst von der Geschichte oder ist vielmehr, abgesehen von dem Namensanklange, nie mit ihr verbunden gewesen.

Beide Standpunkte für die Betrachtung menschlicher Kulturentwickelung, den historischen und den ethnologischen, sucht nun Jodl festzuhalten. Er findet die besondere Aufgabe der Kulturgeschichtschreibung in der Erforschung des „Wesens der Kultur", giebt allerdings zu, daß „der Begriff der Kultur selbst von einer allgemein acceptierten und widerspruchsfreien Bestimmung seines Inhalts und seiner notwendigen Momente weit entfernt sei". Er selbst erklärt: „Alle Kultur ist nichts anderes, als das unter bestimmten Umständen zu besonderer Intensität gesteigerte Streben des Menschen, seine Persönlichkeit und sein Leben vor den feindlichen Mächten der Natur, wie vor dem Antagonismus der übrigen Menschen zu sichern, seine Bedürfnisse, sowohl reale als ideale in steigerndem Maße zu befriedigen und sein Wesen ungehindert zur Entfaltung zu bringen." Man würde also nach Jodl wohl nicht so fehlgreifen, wenn man Kultur als die Äußerungen des menschlichen Selbsterhaltungs- und Bethätigungstriebes bezeichnete. Daß man mit diesen Erklärungen für die Praxis wesentlich weiterkäme, möchte sich kaum behaupten lassen. Jodl entwirft einen Plan, nach dem man zunächst das Durchgehende, Allgemeine (das „Stabile"), das durch die Art des Menschen, sein Verhältnis zur Natur und die Entwickelung dieses Verhältnisses Gegebene, von seinen einfachsten bis zu seinen entwickeltsten Formen zu verfolgen und zu erkennen habe, von den Grundlagen der Ernährung bis hinauf zu Religion, Ethik, Wissenschaft und Kunst. Die Ausführung der Lippert'schen Kulturgeschichte berührt sich nicht selten mit diesem Plane. Andererseits will er aber doch auch die Entwickelung der Kultur an den einzelnen Völkerindividualitäten, an den miteinander in Berührung tretenden Völkergruppen in ihrem geschichtlichen Verlaufe verfolgt sehen. Und damit erstrebt er dann die Fortführung der oben berührten, von ihm selbst in dem Hauptteil seines Buches näher besprochenen kulturgeschichtlichen Arbeiten. Er wünscht da vor allen Dingen zunächst eine umfassendere Zusammentragung des Materials, bei der aber „jedes Eintreten des Autors selbst in spezielle Diskussionen, jedes Heranziehen der Quellen unzulässig ist". Die weiteren Arbeiten haben sich auf das Zuständliche zu richten. Er unterscheidet geradezu zwischen erzählender Universalgeschichte, schildernder Kulturgeschichte, reflektierender Geschichtsphilosophie. Wenn er auch hinzufügt, daß die Grenzen sich nicht so genau würden ziehen lassen, so ist doch eine derartige, auf die Methode begründete Einteilung principiell abzulehnen. Kein Historiker wird sich nehmen lassen, nach seinem freien Belieben von der einen Behandlungsart zur andern überzugehen, selbst geschichtsphilosophisch zu reflektieren, wenn der Gegenstand ihn dazu auffordert. Also nach einer festen Umgrenzung desjenigen, was eigentlich der Kulturgeschichte als ausschließliches Besitztum zufiele, sucht man auch bei Jodl vergebens. Mit voller Sicherheit ist kein Gebiet zu verzeichnen, das der

Historiker bei seiner Arbeit völlig aus den Augen verlieren könnte, und wie man der Sache auch näher tritt, so drängt sich die Wahrheit auf, daß die Geschichte, richtig aufgefaßt, Kulturgeschichte ist, und daß Kulturgeschichte, wenn sie anders überhaupt noch Geschichte ist, theoretisch betrachtet — die Praxis giebt zahlreichen Übungen Raum — nichts anderes sein kann als die richtig aufgefaßte Geschichte.

Nun trägt aber Gothein eine neue Ansicht vor. Im weitaus größten Teil seiner Schrift allerdings erscheint ihm, wie schon berührt, das Kulturgeschichtliche nach herkömmlicher Weise als das Nichtpolitische; einzeln ist ihm auch die Kulturgeschichte die allgemeine Geschichte, der sich die politische als Teil ein- und unterzuordnen hat — das würde mit meiner Auffassung zusammenfallen, nur daß ich dem Staat eine beherrschende Stellung in der Kultur zuweise, während Gothein ihn höchstens als primus inter pares gelten lassen will[1]) — aber wo er sich nun die Aufgabe stellt, der Kulturgeschichte einen selbständigen Gegenstand zuzuweisen, da faßt er doch die Sache anders: Kulturgeschichte ist ihm „Ideengeschichte", und sie hat als solche eine besondere Methode, sie verfährt analytisch, die politische Geschichte dagegen synthetisch.

Was zunächst das letztere anbelangt, so fällt Gothein zurück in den Jodl'schen Fehler und zwar in gröberer Form. Da hätte ihn schon der von ihm gepriesene Schlözer — auch ich preise ihn, allerdings aus ganz anderem Grunde: wegen seines unlösbaren Verhältnisses zur Politik — stutzig machen sollen, der vom Historiker analytische **und** synthetische Darstellung verlangt. Hätte Gothein beachtet, was Ottokar Lorenz geschrieben, so würde ihm nicht entgangen sein, daß dieser die Lose ziemlich genau umgekehrt verteilt. Es ist ein Unding, Arten der Geschichte auf diese Weise unter-

---

1) S. 36 ist ihm die „Litteraturgeschichte" die Führerin der Kulturgeschichte, wobei er allerdings wohl wieder an eine solche mit völligem Ausschlusse des Staatlichen denkt.

scheiben zu wollen. Muß der Historiker nicht so oder so verfahren, je nachdem er bestehende Verhältnisse zu schildern oder ihre Weiterentwickelung, ihre Neugestaltung klarzulegen hat? Auch wer noch so ausschließlich politische Geschichte schreibt, wird gezwungen sein, Wert und Bedeutung bestehender Strömungen, die Kräfte der miteinander ringenden politischen Gewalten in ihren Grundlagen abzuwägen und zu messen, dabei aber wesentlich analytisch verfahren müssen, wenn er anders die Handlungen, die geschehen, die Persönlichkeiten, die eingreifen, richtig verstehen und würdigen will. Wo wäre eine größere moderne Geschichtsdarstellung, die allein analytisch oder allein synthetisch gearbeitet wäre! Die wunderliche Vorstellung, daß eine derartige Scheidung nach Methoden möglich sei, zusammen mit der Manie, alles nicht direkt Politische als kulturgeschichtlich zu bezeichnen, bringt Gothein wiederholt dazu, sich mit der Frage abzuquälen, ob Ranke politische oder Kulturgeschichte geschrieben habe, einer Frage, die, wie mir scheint, für jeden Unbefangenen eine müßige sein muß. Ranke's „Osmanen und spanische Monarchie im 16. und 17. Jahrhundert" erscheinen ihm „unzweifelhaft als ein Werk der Kulturgeschichte". Warum? „Weil in diesem Meisterstück historischer Analysis die Erzählung von Ereignissen eine ganz untergeordnete Rolle spielt"! Erzählend oder schildernd bleiben Ranke's Osmanen und spanische Monarchie ein glänzendes Zeugnis seines feinen politischen Verständnisses, seines echt historischen Geistes. Sollte jemand eine größere Freude an ihnen haben, indem er sie in das kulturgeschichtliche Repertorium einreiht, so ist das ein unschuldiges Vergnügen, aber daß damit bewiesen sei, auf „kulturgeschichtlichem" Wege erwüchsen der Geschichte ganz neue Aufgaben, kann doch im Ernste niemand behaupten.

Und ebenso grundlos ist es, wenn Gothein auf Ranke'sche Geschichtschreibung sich beruft, um Kulturgeschichte als „Ideengeschichte" zu erweisen¹). Gewiß legt Ranke Ideen dar. Gewiß erscheint ihm das Ringen der staatlichen und kirchlichen Richtungen und Kräfte vielfach als ein Kampf der Ideen. Gewiß hat auch Ranke nach dieser Seite hin seine Aufgabe tiefer erfaßt, als es vor ihm Brauch war. Aber daß er damit angefangen habe, aus historischer Arbeitsweise hinauszuwachsen, ist eine unhaltbare Behauptung. Kein darstellender Historiker, der dieses Namens würdig sein will, kann sich heute noch mit der bloßen Aufzählung der historischen Hergänge begnügen. Er wird sich die Frage vorzulegen haben, ob und welche Ideen in ihnen Kraft gewinnen, er wird diese aufzuzeigen, ihre Entwickelung zu verfolgen, ihre Wirkung klarzulegen haben, und das alles als geschichtliche oder meinetwegen — der Name thut nichts zur Sache — als kulturgeschichtliche Arbeit, aber nicht eins und das andere, nicht auf dieser Seite geschichtlich, auf der nächsten kulturgeschichtlich.

Aber Ranke ist für Gothein auch nicht das Muster der Kulturgeschichte, die „Ideengeschichte" sein soll. „Die größten Aufgaben der Kulturgeschichte sind von Ranke nur gestreift worden. Für ihre Behandlung ist Jakob Burckhardt unser Muster."

Und er ist es nach Gothein, weil er den Menschen ins Auge faßt, seine Stellung zu den an ihn herantretenden Aufgaben des umgebenden Lebens. Seit dem Erscheinen von Burckhardt's „Kultur der Renaissance" ist es fast zum Glaubensbekenntnis ge-

---

1) Auch hier, in dem Augenblicke, wo er sich anschickt, der Kulturgeschichte den höchsten Platz anzuweisen, spukt bei Gothein wieder die populäre Vorstellung von dem Gegensatz der Kulturgeschichte zur politischen. Er sagt (S. 50): „Als Gegenstand einer selbständigen Kulturgeschichte wird die allgemeine Kultur einer Epoche genannt werden. Sie ist noch etwas anderes als die Gesamtsumme aller wirtschaftlichen Leistungen, Rechtsbildungen, religiösen Meinungen, wissenschaftlichen Entdeckungen und künstlerischen Gestaltungen, sie besteht in nicht mehr und nicht weniger als in den gemeinsamen, unter sich wieder zwiespältigen und ringenden Richtungen des Geisteslebens. Kulturgeschichte in ihrer reinsten Form ist Ideengeschichte." Warum fehlt hier in der Aufzählung des Wesentlichsten, was die allgemeine Kultur einer Epoche ausmacht, der Staat?

worden, daß der moderne Mensch aus der Renaissance geboren sei. Nun, ich gehöre nicht zu diesem Bekennerkreise. Ich bin der Überzeugung — soweit ich die historischen Thatsachen überblicke, erscheint mir keine andere möglich — daß die Reformation weit mehr, unendlich viel mehr für die „moderne Kultur" geleistet hat als die Renaissance. Ich kann es allenfalls zugeben, daß „die Triebkraft dieser Kultur im Gegensatze zur mittelalterlichen der Individualismus ist" — obgleich es zweifellos sehr viel Individualität gab längst vor der Renaissance — aber mir erscheint als der entscheidende Schritt die Befreiung des Individuums aus dem Bann der Kirche, die Befreiung des Individuums und zugleich des Staates, und die ist eine That der Reformation, für die hatte die Renaissance kaum ein Verständnis. Wenn Gothein als die Errungenschaft der Renaissance hinstellt „die Ausbildung des Einzelmenschen, der sich zum Selbstzweck geworden ist, und der nach vorhergehender theoretischer Ergründung sich die Zwecke seines Handelns setzt", so ist das Erstere gerade die schwache Seite der Renaissance, der Wurm, der an ihrem Leben nagt, das Zweite aber doch eine sehr anfechtbare Behauptung. Haben wirklich die Männer der Renaissance „sich die Zwecke ihres Handelns nach vorhergehender theoretischer Ergründung gesetzt"? Giebt es irgendwo schreiendere Widersprüche zwischen ausgesprochenen Ansichten und vollzogenen Handlungen als bei ihnen? Doch genug! Des Widerspruchs im Einzelnen würde kein Ende sein. Wenn es sich darum handelt, Burckhardt's glänzendes Werk einzureihen in die Gattungen der Geschichtschreibung, wird man doch nicht übersehen dürfen, daß auch er vom Staate ausgeht, zunächst den Menschen zu erfassen sucht in Verhältnis zu diesem, trotzdem gerade in der Zeit der Renaissance andere Lebensinteressen sich breit vordrängten, und — daß er die Ideen entwickelt an einer überreichen Fülle thatsächlichen Materials. In diesem Verfahren aber bleibt er völlig auf dem Boden überlieferter historischer Arbeitsweise. Die Thatsache, daß so herrliche Früchte menschlicher Kultur unpolitischen Charakters gerade aus dieser Zeit heraus wertvolles Gemeingut unserer Kultur geworden sind, wird ja immer die Neigung wachrufen, ganz besonders hier „kulturgeschichtliche" Hergänge zu erblicken; sie giebt naturgemäß den geschichtlichen Arbeiten über diese Periode auch einen andern Charakter; aber sie stellt keineswegs Aufgaben, die nicht auf gut geschichtlichem Wege zu lösen wären; ja volles historisches Licht empfängt die Zeit der Renaissance erst, wenn man ihr Verhältnis zu der staatlichen Gestaltung Europas nicht aus den Augen verliert [1]).

Über Burckhardt's Beispiel hinaus verfolgt Gothein den Gedanken, daß Kulturgeschichte Ideengeschichte sei, nicht. Man erkennt nicht, ob ihm eine reine Geschichte der Ideen, die nur diese aneinander reiht und sich der Hergänge, aus denen sie abgeleitet und erkannt sind, entschlägt, auch noch als kulturgeschichtliche Arbeit erscheint. Da ich meinerseits nur den Nachweis zu führen wünsche, daß bis jetzt, soweit ich sehe, noch kein selbständiges Arbeitsgebiet für die Kulturgeschichte nachgewiesen wurde [2]), habe ich keinen Anlaß, auf diese Frage weiter einzugehen. Sie würde nach meiner Meinung über das historische Gebiet weit hinausführen, da philosophische Arbeit nicht weniger als historische eingreifen müßte. Ich gestehe, daß mir eine solche Geschichte der Ideen als die einzig mögliche Philosophie der Geschichte erscheint, möge sie nun genetisch oder spekulativ in den Stoff einbringen. Die Philosophie der Geschichte aber soll man, glaube ich, mit aller Schärfe von der Kulturgeschichte sondern.

---

1) Ich glaube erwähnen zu sollen, daß Ludwig Geiger den Lesern der Neuesten Nachrichten verkündet, daß er als Meister des kulturhistorischen Verfahrens neben Ranke — Georg Brandes! nennen möchte. Ich kenne kein unhistorischeres, subjektiveres, willkürlicheres Werk der neueren Litteraturgeschichte als Brandes' „Litteratur des 19. Jahrhunderts in ihren Hauptströmungen".

2) Auch Geiger findet, daß sich auf die Frage, „worin die Aufgabe der Kulturgeschichte bestehe, eine strikte Antwort nicht leicht erteilen lasse".

Nur einem Punkte möchte ich noch eine kurze Besprechung widmen. Ich hatte „den Kern geschichtlichen Fortschritts in dem Fortschritte der ethischen Anschauungen gesucht". Gothein bestreitet das nicht direkt, aber er findet die Behauptung „zu apodiktisch" und den Maßstab zu eng. Was das Apodiktische anbetrifft, so ist es ein von vornherein verfehlter Versuch, derartige Behauptungen bindend beweisen zu wollen. „Allem Wissen liegt ein Moment des Glaubens zu Grunde", mit diesem Gothein'schen Satze möchte ich weiteres Eingehen ablehnen. Wenn er aber an die Stelle der Sittlichkeit als Maßstab die Ideale setzen möchte, ihren Wert, Kraft und Dauer der Hingebung an sie, so kann ich darin nur einen andern Ausdruck für dieselbe Sache sehen. Denn unter Sittlichkeit als Maßstab historischer Beurteilung kann man nicht die 10 Gebote oder einen ähnlichen Sittenkodex verstehen. Wenn Gothein in gehobenem Stil zu Felde zieht gegen die moralisierende Geschichtsbetrachtung, so stößt er da, soweit ich in Frage komme, offene Thüren ein, obgleich sich auch da über seine einzelnen Behauptungen rechten läßt. Gothein's pathetischem Satze: „Die Weltgeschichte ist das Weltgericht, aber das Katheder ist nicht sein Richterstuhl" kann ich z. B. einen mehr als beklamatorischen Wert nicht beimessen. Hier kann die Sittlichkeit nur als Selbstentäußerung in Frage kommen, als selbstlose Hingebung, wie sich christliche Sittenlehre koncentriert in dem Gebot: „Liebe Gott über alles und Deinen Nächsten wie Dich selbst". Menschliches Leben kennt diese Hingebung in Tausenden von Formen, in der Familie, in der Gesellschaft, in der Wissenschaft, in Kirche, Staat, in jeglicher Art von Gemeinschaft, in die Gott den Menschen gestellt hat, um mit Luther zu reden. Aber historische Wirkungen sind undenkbar, wenn solche Hingebung nicht die Form einer gleichartigen, gemeinsamen annimmt. Gern teile ich den Glauben, „daß keine Äußerung geistigen Lebens untergehen könne, ohne eine Spur zu hinterlassen", aber zu historischen Kräften werden die Ideen erst, wenn sie der Tausende sich bemächtigen und sie in Hingebung vor sich beugen. Und daß da die tiefstgreifenden, die wirkungsvollsten Ideen Vaterland, Volkstum, Staat und neben ihnen Glaube und Kirche sind, das erscheint mir durch Gothein's gegenteilige Bemerkungen völlig unerschüttert, ja kaum berührt. Wohl ist der Patriotismus „bei rohen oder doch wenigstens höchst einfachen Völkern oft ganz besonders ausgebildet", aber wenn diese elementare Empfindung auch in Völkern hoher Kultur mächtig bleibt, dann eben entwickeln sich historische Völker ersten Ranges. Nicht jedes patriotische Volk ist ein historisches, aber nie gab es ein historisches, das nicht auch ein patriotisches gewesen wäre. Noch hat man eine nennenswerte Kultur nicht erblühen sehen ohne ein entwickeltes National- oder Staatsgefühl. Wo sie sich entwickelt um religiöse Ideale, tragen diese zugleich einen nationalen Charakter. Mit vollem Recht bemerkt Hermann Baumgarten, gegen den Gothein zu Unrecht, ebenfalls mit Verschiebung der Kontroverse, polemisiert: „Staat und Kirche sind die einzigen Mächte, die auf den Grund des menschlichen Daseins reichen." Es giebt keine Ideale von gleicher historischer Bedeutung wie diese; denn sie allein vermögen die Höchsten wie die Niedersten mit gleicher Kraft zu durchbringen, zu gleicher Hingebung anzufeuern und den Millionen ein Empfinden und ein Wollen einzuhauchen. „Der Trieb zum Vaterlande", er ist und bleibt „das teuerste der Bande"[1]).

Es konnte mir beim Niederschreiben meiner Rede selbstverständlich nicht einen Augenblick der Gedanke kommen, als würde

---

[1]) Neben diesen Schiller'schen Versen hatte ich jene aus dem Tell citiert, nach welchen „im Vaterlande die starken Wurzeln unserer Kraft liegen". Gothein meint (S. 64): „Dietrich Schäfer vergißt, daß sie in einem Stücke stehen, das der Verherrlichung der Selbsthilfe gegen den Zwangsstaat gewidmet ist". Ich muß gestehen, daß ich meinen Augen nicht traute, als ich diese Stelle las. Selbsthilfe gegen Zwangsstaat? Steht hier nicht Recht gegen Recht, oder richtiger

die beiläufige Polemik gegen Kulturgeschichte, wie sie mir angebracht schien, etwas Wesentliches an der herrschenden Tagesgepflogenheit ändern. Ich war mir vollständig klar darüber, einer derartigen Erwartung werde die Enttäuschung nicht fehlen, daß es in Tegel noch spuke, trotzdem man aufgeklärt habe. Es mag ja auch sein, daß die Sache „ungefährlich" ist. Ja, man kann ihr sogar eine gute Seite abgewinnen. Sie trägt vielleicht dazu bei, geschichtliches Interesse in weiteren Kreisen lebendig zu erhalten. Mancher möchte sich an geschichtlicher Arbeit gar nicht beteiligen, wenn er es nicht in dieser Weise könnte. Diese Seite hat Gustav Bossert in seiner Polemik gegen Haag trefflich ins Licht gerückt. Auch wäre es ja ein thörichtes Beginnen, einen überlieferten, liebgewordenen Namen gleichsam ausmerzen, in die Rumpelkammer werfen zu wollen, möge der Begriff, den man mit ihm verbindet, noch so schwankend sein, noch so bunt die Thätigkeiten, die man unter ihm zusammenfaßt. Wie könnte ein Historiker so wenig Respekt vor der Tradition haben! Da wird er sich lieber darüber beruhigen, daß in unserer demokratisch und realistisch gerichteten Zeit weite Kreise lieber erfahren, wie man bereinst räusperte und spuckte, als wie Geist und Genie sich offenbarten. Nein, wenn diese Frage berührt worden ist, so konnte es sich nur darum handeln, für ernste wissenschaftliche Thätigkeit die nötige Klarheit zu schaffen, gegenüber dem Durcheinander der Strömungen und Stimmungen, gegenüber den in unseren Tagen so mächtigen Lockungen der Popularität darauf hinzuweisen, wo die reichsten und ewig unversiegbaren Quellen historischen Erkennens fließen und den

bestehendes Recht gegen gewaltsamen Bruch desselben? Stehen dem Territorialherren nicht politisch organisierte, mit Rechten ausgestattete Gemeinden gegenüber? Verteidigen sie nicht ein Vaterland? Und das soll als Alt patriotischer Hingebung abgewiesen werden mit der Bemerkung „Selbsthilfe gegen den Zwangsstaat"? Habe ich denn irgendwo Anlaß gegeben zu vermuten, daß ich als Hingebung an Staat und Vaterland nur den Dienst bezahlter Soldknechte ansehe, daß ich nur Weltmächte für politische Gebilde halte, auf welche die Begriffe Staat und Vaterland anwendbar sind?

Staat, den wichtigsten Faktor aller Kultur, wieder möglichst in den Mittelpunkt historischen Denkens zu rücken. Der Individualität kann dabei ihre volle Freiheit bewahrt bleiben; jede Neigung besteht zu Recht, die ernst und tief ist. Aber wenn wir es als Ranke's unvergängliches Verdienst preisen, daß er die Geschichte auf eigene Füße gestellt, daß er sie befreit hat von theologischem, philosophischem, politischem Dienst, so haben wir uns auch zu vergegenwärtigen, daß ihr diese Stellung nur gewahrt bleiben kann, wenn die Geschichte den Faden festhält, der in ihr selbst die Kontinuität menschlichen Lebens darstellt, und dieser Faden ist der Staat. Gothein meint: „Die Zukunft wird Ranke's Geschichtschreibung vielleicht als das Zwischenglied erfassen zwischen politischer und Kulturhistorie, wie wir Dante zwischen Mittelalter und Neuzeit stellen." Ich glaube, daß das Schicksal des Ikarus erleben wird, wen sein Flug so hoch trägt. Nur wer Erreichbares erstrebt, kann Erfolg haben. Wem es gelingt, unter steter Fühlung mit der rastlos fortschreitenden Mehrung der historischen Erkenntnismittel nach Ranke'scher Art Geschichte zu schreiben, der wird den Besten seiner Zeit genug gethan haben.